연표를 통해 세계사를 한눈에

세계사 그림요점노트

연표를 통해 세계사를 한눈에
세계사 그림요점노트

1판 1쇄 인쇄 | 2019. 3. 15.
1판 1쇄 발행 | 2019. 3. 20.

글 · 페니 클라크   옮김 · 윤정숙

발행처 도서출판 거인
발행인 박형준
책임편집 안성철
디자인 박윤선
마케팅 이희경 김경진
등록번호 제2002-000121호
주소 서울시 마포구 와우산로 48 로하스타워 803호
전화 02-715-6857
팩스 02-715-6858

Timeline : world History Dates
(c) 2005 by The Salariya Book Company Limited
All rights reserved.

This Korean edition is published by arrangement with
Salariya Book Company Limited through Young Agency, Seoul.

Korean translation (c)2019 by Giant Publishing co.

이 책의 한국어판 저작권은 저작권법에 의해 한국 내에서
보호를 받는 저작물이므로 무단 전재나 무단 복제를 금합니다.

값은 표지에 있습니다.
ISBN 978-89-6379-176-0 73900

연표를 통해 세계사를 한눈에

세계사를 단숨에 배우는 방법

세계사 그림요점노트

글·페니 클라크 옮김·윤정숙

거인

Time lines world history dates  # 차례

 시간과 날짜 ▶ 8

 BC 6000~3000년 최초의 문명 ▶ 12

 BC 3000~1700년 전차와 전쟁 ▶ 16

 BC 1700~800년 파라오 만세! ▶ 20

 BC 800~350년 민주주의의 탄생 ▶ 24

 BC 350~100년 제국의 흥망 ▶ 28

 BC 100~AD 100년 강성한 로마 ▶ 32

 100~350년 쇠퇴하는 제국 ▶ 36

 350~640년 제국의 멸망 ▶ 40

 640~899년 땅과 바다의 침략자들 ▶ 44

 899~1050년 침략자 대 지배자 ▶ 48

 1050~1180년 종교 전쟁 ▶ 52

 1180~1300년 전쟁과 권리 ▶ 56

 1300~1401년 궁전과 흑사병 ▶ 60

 1401~1520년 탐험의 시대 ▶ 64

 1520~1600년 민족주의와 종교 ▶ 68

Time lines world history dates

 1600~1710년 신세계를 탐험하다 ▶72

 1710~1775년 세금과 보스턴 차 사건 ▶76

 1775~1800년 혁명! ▶80

 1800~1850년 세계를 바꾼 전쟁 ▶84

 1850~1900년 대륙을 횡단하다 ▶88

 1900~1913년 빙산이다! ▶92

 1914~1927년 전쟁 그리고 평화? ▶96

 1928~1940년 우리 시대의 평화? ▶100

 1940~1955년 제2차 세계대전 ▶104

 1955~1970년 달을 향한 경주 ▶108

 1970~1980년 변화하는 정권 ▶112

 1980~1995년 공산주의의 종말 ▶116

 1995년 이후 우주에서의 미래? ▶120

 세계의 역대 교황·왕·총리·대통령 ▶124

 어휘 사전 ▶140

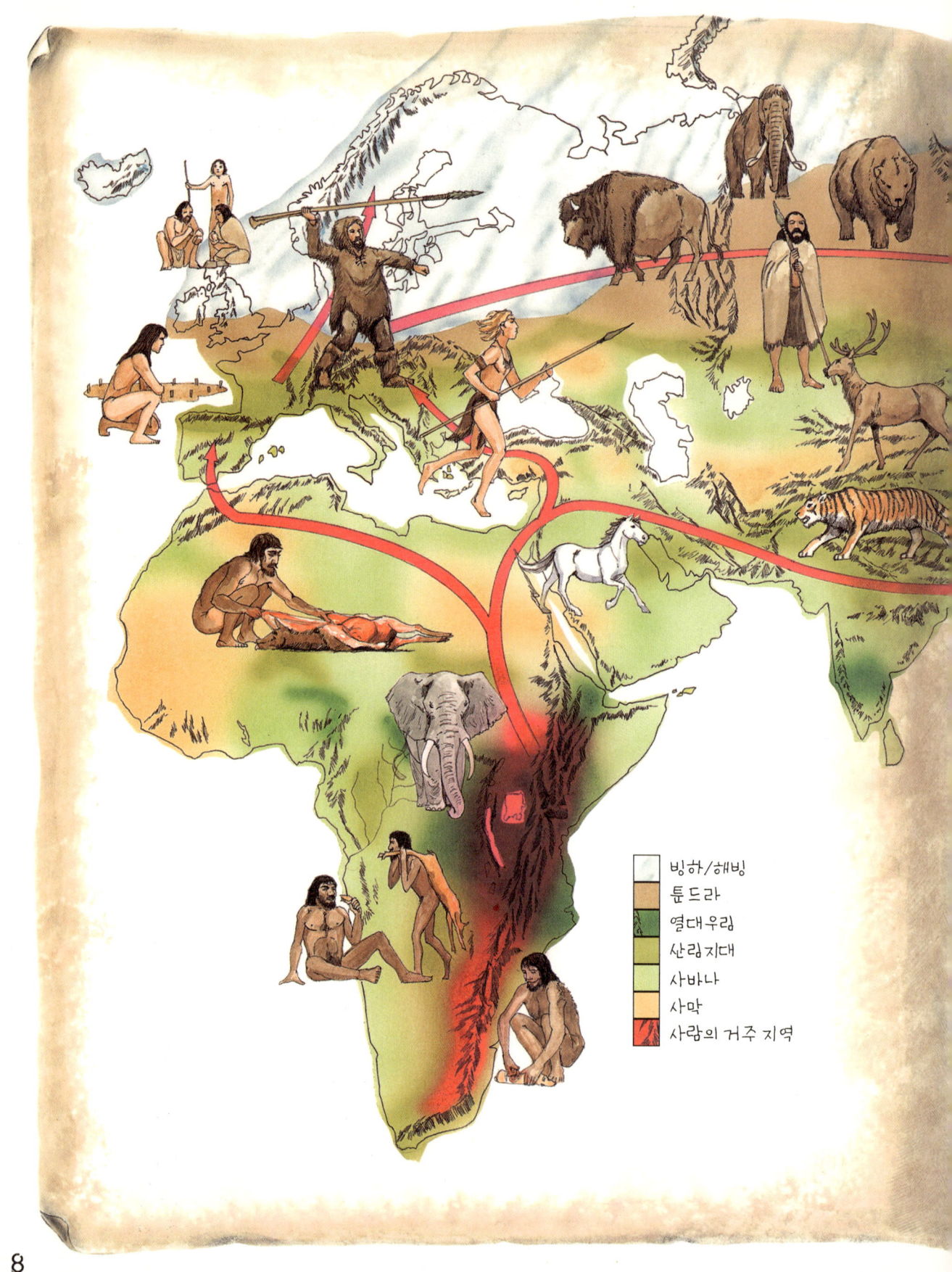

시간과 날짜

시간이 없다면 어떨까?

올해가 몇 년도인지, 지금이 몇 월인지, 오늘이 며칠인지 모르고 산다면 어떨까? 아마도 현재를 사는 우리에겐 끔찍한 일일 것이다. 처음에 인류는 태양의 위치를 보고 시간과 계절이 지나는 것을 알았다. 그러나 그게 전부였다.

당시에는 문자와 숫자가 없었기 때문에 인류는 언제 동굴벽화를 그렸고, 언제 도구를 만들었는지에 대한 기록을 전혀 할 수가 없었다.

그래서 앞으로 이야기할 과거 기록의 연도는 정확하지 않을 수도 있다. 단지 여러 가지 과학적 연대 측정이나 상황을 바탕으로 추측한 기록일 뿐이다.

BC 1,800,000년 최초의 인류가 아프리카에서 살고 있었다. 고고학자들은 그들에게 호모 에렉투스라는 이름을 붙였다. 에렉투스는 선다는 뜻으로, 두 발로 서서 걷는 최초의 인류였기 때문이다.

BC 500,000년 불의 발견은 정말 중요한 사건이었다. 너무 질기거나 독이 있어서 날것으로 먹을 수 없는 음식도 익혀 먹을 수 있게 되었다. 또한 불의 발견으로 추운 곳에서도 살 수 있게 되었다.

BC 50,000년 당시의 화석을 살펴보면 이 때 우리와 같은 인류인 호모 사피엔스사피엔스가 나타난 것을 알 수 있다.

BC 35,000년 추운 곳에서 살기 위해 집을 지어 생활하기 시작했다. 이 때 지은 집이 러시아에서 발견되었다.

BC 32,000년 돌을 쪼개서 날카롭게 만든 도구로 사냥한 동물의 가죽을 벗기거나 고기를 자르는 데 사용했다. 고기는 식량으로 썼고 가죽으로는 옷을 만들거나 도구의 손잡이를 쌌다.

BC 30,000년 북쪽으로 이동한 사람들은 긴 겨울밤을 보내기 위한 빛이 필요했다. 사람들은 기름을 태워 밝은 빛을 얻었다.

BC 20,000년 사람들은 동물의 모습을 동굴 벽에 그렸다. 깊은 동굴 속에 그려져 있는 벽화는 너무 잘 감춰져 있어서 종교적인 목적으로 그려진 것으로 추정하고 있다.

BC 20,000년 나무로 만든 창끝을 불에 달궈 단단하게 만들었다. 뾰족한 창은 동물을 사냥하거나 다른 사람을 공격할 때 효과적인 무기가 되었다.

유명한 사람들

아주 먼 옛날에는 글자가 없었다. 그래서 어떤 사람이 살았는지 알 수가 없다. 어떤 기록도 남아 있지 않은 이 시대는 고고학자들이 발굴한 것들을 바탕으로 추정하고 있기 때문이다. 게다가 너무 많은 세월이 지난 후라 남아 있는 것도 거의 없었다. 하지만 사람들은 아직 발굴되지 않은 것도 많을 것으로 예상하고 있다.

또 한 가지 문제는 발굴한 물건이 어디에 쓰이는 것인지를 정확하게 알 수가 없다는 것이다.

임신한 여자의 조각은 BC 25,000년경에 만들어진 것으로 추정된다. 그런데 이 조각상이 사람을 의미하는 것인지 아니면 여신인지는 현재로서는 알 수가 없다. 임신과 출산은 봄의 여신과 관계가 있기 때문에 혹시 여신을 상징하는 것일지도 모른다는 주장도 있다.

마찬가지로 프랑스 동굴과 사하라 사막에 남아 있는 동물 그림도 누가, 왜 그린 것인지 알 수가 없다. 이야기는 많지만 정확한 근거가 없기 때문이다.

BC 6000~3000년
최초의 문명

이집트 기자의 피라미드는 세계에서 돌로 지은 가장 큰 건축물로, 지금부터 4000여 년 전 파라오 쿠푸가 지은 것이다.

고대 이집트인들은 파라오를 태양의 신인 레의 아들이라고 생각했다. 그리고 그들은 파라오가 죽으면 '죽음의 땅'으로 가서 태양의 신을 만난다고 믿었다. 고대 이집트인들은 파라오가 죽지 않고 영원히 산다고 생각했던 것이다. 그래서 파라오의 몸을 지켜주면 파라오가 이집트에 풍년이 들게 하고 전쟁에서도 승리하게 도와줄 것이라고 믿었다. 피라미드는 파라오의 몸을 영원히 지켜주기 위해 지은 것으로, 피라미드 깊숙이 숨겨진 방에는 파라오의 미이라가 보관되어 있었다.

타임 라인

BC 6000년경 아나톨리아(현재의 터키)에서 농경 사회가 성장했다.

BC 4000년경 인더스강 계곡에서 농경 사회가 성장했다.

BC 4000년경 몰타 섬, 브르타뉴(프랑스), 이베리아 반도(스페인과 포르투갈)에 '거석'(거대한 돌 구조물)이 세워졌다.

BC 3400년경 부유한 도시국가인 수메르(이라크의 일부)에서 도공용 녹로(물레)가 발명되었다. 덕분에 사람들은 도기를 더 빠르고 더욱 손쉽게 만들 수 있게 되었다.

BC 3118년경 메네스가 상 이집트와 하 이집트를 통일하고 이집트 최초의 파라오가 되었다.
BC 3000년경 멕시코와 페루 지역에서 농경 사회가 성장했다.
BC 3000년경 그리스 지역에서 올리브와 포도가 재배되었다.

A date to remember 기억할 연도
BC 2600~2560년
피라미드 건설

BC 6000~3000년
중요한 사건

BC 6000년 터키 남부 지방에 '카탈 후이욱'이 건설되었다. 이 곳의 집들은 서로 붙어 있어서 단단하고 안정적이었으며, 대문이 지붕으로 나 있었다.

BC 4000~3000년 사하라 사막에서 발견된 동굴벽화에는 사람들이 가축을 기르는 모습이 그려져 있다.

BC 3500년 고대 수메르의 예술 작품에는 소와 당나귀가 수레를 끄는 모습이 그려져 있다. 이 때부터 이미 소와 당나귀를 사용했다고 볼 수 있다.

고대의 진흙서표

BC 3000년 수메르인은 소와 양을 기르기 시작하면서 우유, 치즈, 고기, 가죽 등을 얻게 되었다. 이전에는 주로 수렵과 채집을 통해 식량을 얻어야 했다.

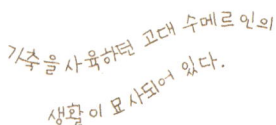

가축을 사육하던 고대 수메르인의 생활이 묘사되어 있다.

BC 3000년 고대 이집트인들은 돌을 잘라 건축물을 지었다. 그들은 거대한 피라미드를 지어 파라오를 매장했다.

유명한 사람들

이집트 왕인 파라오는 많은 일을 했다. 정책을 결정하고, 관리들을 감독하고, 법과 질서를 지키고, 동맹을 맺고, 때로는 전쟁에 나가 싸우기도 했다.
파라오는 왕 이상의 존재였다. 파라오는 신을 대신해 백성을 다스리고 매일 신전에 나가 신의 말에 귀를 기울였다.
하트셉수트(BC 1503~1482)와 같은 여자 파라오도 있었지만 파라오 대부분이 남자였다. 하트셉수트는 탐험과 무역을 장려해 아프리카와 남부 이집트에서 무역을 하기도 했다.
한편 아름다운 클레오파트라 7세는 이집트의 마지막 여왕이었다(BC 48~30). 클레오파트라는 로마의 침략을 막으려 했지만 결국 실패하고 자살했다.

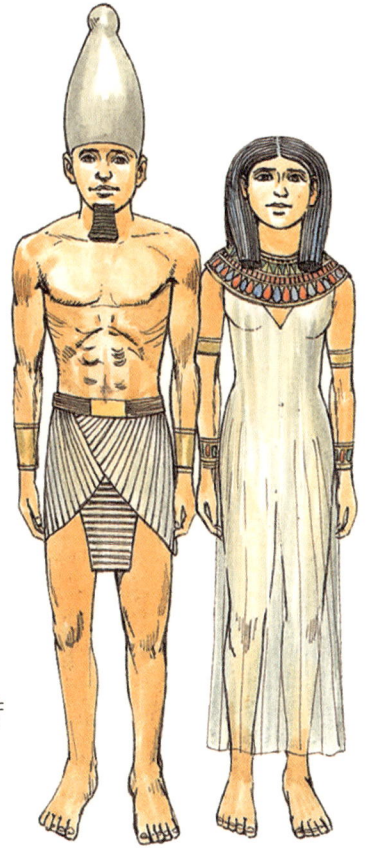

BC 3000~1700년
전차와 전쟁

수메르 사람들은 티그리스강과 유프라테스 강 사이에 있는 비옥한 땅(현재의 이라크)에 강력한 도시국가를 세웠다. 부유하고 성공한 민족이었던 수메르 사람들은 글자와 녹로를 발명했을 뿐 아니라 진흙 벽돌로 거대한 궁전과 사원을 지어 생활했다. 하지만 돌로 지은 고대 이집트의 건물은 많이 남아 있는 반면에 진흙 벽돌로 지은 수메르의 건물은 거의 남아 있지 않다. 진흙 벽돌은 돌처럼 단단하지 않았기 때문이다.

한편 국가가 점점 커지고 부유해지자 국가 간의 경쟁이 시작되었고 결국에는 전쟁까지 일어났다.

처음에 사람들은 걸어 다니면서 싸웠지만 나중에는 황소가 끄는 수레를 타고 다니며 싸웠다(물론 수레를 타는 사람은 왕이나 장군들로 한정되어 있었다). 그러다 나중에는 빠르고 가벼운 전차가 등장했다.

타임 라인

BC 3000년경 일본에서 도기를 사용한 흔적이 발견되었다.
BC 3000년경 북아메리카 남서부의 코치스 사람들은 야생 식물이나 나무 열매를 채집하거나 매머드와 바이슨 등을 사냥하며 살았다.
BC 2500년경 북유럽에서 청동기가 사용되기 시작했다.
BC 2000년경 말이 전차를 끌게 되었다.
BC 2000년경 영국 남부 솔즈베리 평원에 거석기념물인 '스톤헨지'가 세워졌다.

BC 2000년경 소아시아에서 이동해 온 히타이트족이 아나톨리아(현재의 터키)를 침략했다. BC 1450~1200년경 그들의 영토는 지중해에서 페르시아 만까지 이르렀다. 그들은 메소포타미아에 철기 문화를 전했다.

BC 1700년경 크레타에 살던 미케네 사람들은 '선형문자 A'를 사용했다.

A date to remember 기억할 연도
BC 2500년경
수메르 문명

아시아에서는 비옥한 땅, 무역로, 광산을 두고 전쟁이 벌어졌다. 결국 BC 2500년경에 우르 왕이 도시국가를 통일했고, 그 지역에 살던 사람들은 수메르인으로 밝혀졌다.

BC 3000~1700년
중요한 사건

BC 2600년 수메르의 중심 도시들이 무역의 중심지로 떠올랐고 수메르 문명이 오리엔트로 전파되었다.

BC 2500년 긴 막대 한쪽에는 무거운 것을 매달고 반대쪽에는 두레박을 단 샤더프가 발명되었다. 덕분에 밭에 쉽게 물을 줄 수 있게 되었다.

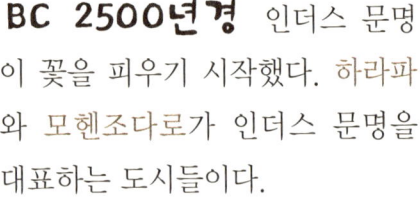 

BC 2500년경 인더스 문명이 꽃을 피우기 시작했다. 하라파와 모헨조다로가 인더스 문명을 대표하는 도시들이다.

BC 2000년 이집트에서는 베틀이 사용되었다. 파라오, 왕실, 고위 관료들만 베틀로 짠 천으로 옷을 만들어 입을 수 있었다.

BC 2000년 중국에 상왕조가 세워졌다. 상왕조 때의 사람들이 타고 다니던 전차 바퀴에는 바퀴살이 달려 있었다. 바퀴살 덕분에 육상 교통이 급격히 발달하게 된다.

유명한 사람들

길가메시 왕자
(BC 3000~2000년 사이에 나라를 다스린 것으로 추정됨)

부유한 도시국가를 다스리던 왕들은 기록(특히 세금 기록)의 중요성을 깨닫게 되었다. 그리하여 문자가 발명되었다. 이후 글을 읽고 쓸 줄 아는 필경사들이 기록을 담당하게 되었고, 덕분에 우리는 당시 어떤 사람이 살았는지 알 수 있게 되었다.

기록에 남아 있는 여러 인물 중에는 우루크(현재의 이라크)를 다스리던 길가메시 왕자도 있었다.

길가메시 왕자가 다스리던 우루크 시는 진흙벽돌로 쌓은 높은 벽으로 에워싸여 있었다. 그리고 그 안에는 멋진 사원과 궁전이 세워져 있었다. 지구라트라고 불리는 사원은 테라스로 이어져 있었고 높은 성직자나 왕만이 가장 높은 곳에 들어갈 수 있었다. 그 곳은 하늘과 가까워 신성하게 여겨졌기 때문이다.

BC 2500년경

BC 1700~800년
파라오 만세!

BC 1500년경 이집트에는 신왕조가 시작되었다. 신왕조의 파라오인 투트모시스 1세는 '왕가의 계곡'에 있는 바위를 뚫고 처음으로 무덤을 만들었다. '왕가의 계곡'은 신왕조의 수도인 테베 반대편에 있었다. 나일강 서쪽에 위치한 이 곳에는 파라오와 그 가족들이 묻혔다.

이집트인들은 사람이 죽으면 미이라로 만들어 매장했다. 미이라를 만들기 위해서는 우선 시신을 미이라 만드는 사람에게 보내야 했다. 그러면 미이라 만드는 사람은 시신을 건조시키고 방부 처리한 다음 리넨으로 시신을 감쌌다. 리넨은 아마의 실로 짠 얇은 직물을 말한다. 이 일에는 70일 정도가 걸렸다. 모든 처리가 마무리된 미이라는 관에 담긴 채 가족과 사제의 애도 속에서 무덤으로 옮겨졌다.

타임 라인

BC 1700년경 페루의 여러 계곡에 사람들이 정착했다.
BC 1500년경 홍수로 인더스 문명이 멸망했고 힌두교가 발전했다.
BC 1500년경 멕시코 지역에 살던 올멕족이 상형문자를 사용했다.
BC 1500년경 아프리카에서는 동물을 길들였다.
BC 1400년경 지중해의 동쪽에 위치한 크레타에서는 선상문자 B(그리스어의 시초)가 사용되었다.
BC 1370~1353년경 이집트의 파라오 아케나텐은 하나의 신만 믿는 새로운 종교를 만들었다.

BC 1250년경 트로이가 그리스에 함락되면서 10년간 지속되었던 트로이 전쟁이 종결되었다.
BC 1028년경 중국에서는 상왕조가 망하고 주나라가 들어섰다.
BC 1000년경 중앙아메리카의 마야인들이 계단 모양의 땅에 거대한 사원을 지었다.

A date to remember 기억할 연도
BC 1500년 왕가의 계곡

BC 1700~800년 중요한 사건

BC 1500년경 크레타의 크노소스 궁전에서는 황소를 뛰어넘는 의식이 거행되었다. 이 의식은 중요한 종교 의식 중 하나였다.

BC 1480년 투트모시스 1세의 장녀인 하트셉수트 여왕이 자신의 통치를 기리는 사원을 지었다.

황소를 뛰어넘는 의식

하트셉수트의 사원

BC 1425~1417년 고대 이집트의 파라오 투트모시스 4세와 미탄니(현재의 시리아) 공주의 결혼으로 이집트와 메소포타미아의 전쟁이 종결되었다.

BC 1000년 페니키아(현재의 레바논)와 페르시아(현재의 이란) 같은 아라비아의 국가들은 강하고 부유했다. 그들은 이집트나 다른 중동 국가에 풍부한 천연자원을 값비싸게 수출했기 때문이다.

BC 974~937년 유대인들의 왕인 솔로몬이 신성한 예루살렘에 장엄한 새 신전을 지었다.

페니키아 무역선의 돌조각

BC 814년 페니키아인들이 북아프리카의 튀니지에 카르타고를 세웠다. 코끼리를 앞세워 알프스 산을

예루살렘 사원

넘은 후 로마인들과 전쟁을 벌였던 전쟁 영웅 한니발도 이 곳 사람이었다.

유명한 사람들

하트셉수트 여왕(재위 BC 1503~1482)

투트모시스 2세의 왕비였던 그녀는 이집트를 다스린 몇 안 되는 여왕이었다. 아이가 없어 조카 투트모시스 3세에게 왕위를 계승했다.

파라오 아크나톤(재위 BC 1370~1353)

새로운 종교의 개창자이자 위대한 신도시의 창건자였다.

네페르티티 왕비

아크나톤의 아내로, 아크나톤과 네페르티티는 오로지 태양신인 아톤 신만이 유일한 신이라고 믿고 숭배했다.

파라오 투탕카멘(재위 BC 1336~1327)

18세에 요절한 것으로 알려진 젊은 파라오 투탕카멘의 장엄한 무덤은 1922년 테베 서쪽의 '왕가의 계곡'에서 발견되었다.

람세스 2세(재위 BC 1290~1224)

가장 위대한 파라오 중 한 명으로, 거대한 신전들을 많이 세웠다. 이집트 여러 곳에 자신의 조각상을 많이 만든 것으로도 유명하다.

BC 800~350년
민주주의의 탄생

BC 750년 이집트의 파라오는 더 이상 위대한 제왕이 아니었고 현재의 이라크 지역에 있던 도시국가들도 쇠퇴했다. 지중해의 크레타 섬에 있던 위대한 신전들과 궁전들도 폐허가 되었고 선상문자 B 역시 잊혀졌다.

페니키아인들은 훌륭한 항해자들이었다. 그들은 서서히 그리스 본토와 무역을 다시 시작했다. 그리스에서는 아테네, 코린토스, 스파르타 같은 작은 도시국가들이 오래된 성곽 주위에서 성장했다.

많은 도시국가들은 왕이 아닌 시민이 직접 국가를 다스렸다. 특히 아테네는 민주국가였다. 의회는 9일마다 열렸고 모든 시민이 의회에서 투표할 수 있었다. 그러나 아테네에서 태어난 남자만이 시민이 될 수 있었다. 그런 면에서 아테네는 진정한 민주국가는 아니었다.

A date to remember 기억할 연도
BC 594년 바빌론의 공중정원

타임 라인

BC 725년경 페니키아인들이 사용하던 설형문자를 좀더 쉽고 간단하게 정리한 문자를 만들어 사용했는데 이것을 그리스인들이 받아들여 바로 오늘날 알파벳의 시조가 되었다.

BC 586년 예루살렘이 바빌론의 왕 네부카드네자르 2세에 의해 멸망했다. 그는 바빌론에 공중정원을 지었는데, 공중정원은 세계의 불가사의 중 하나가 되었다.

BC 563년 싯다르타 가우타마가 태어났다. 그는 나중에 성인 중 한 사람인 붓다가 되었다.

BC 470년 카르타고의 제독 한노가 무역 시장 개척과 식민지 건설을 위해 아프리카 서쪽 해안을 항해했다.

BC 450년경 나이지리아의 노크 문명이 발전하기 시작했다.

BC 800~350년
중요한 사건

이리의 젖을 빨고 있는 로물루스와 레무스

BC 753년 로물루스와 레무스가 로마를 세웠다.

BC 683년 아테네는 왕 대신 집정관이 다스렸다.

BC 600년경 리쿠르고스가 스파르타의 법률을 제정했다.

BC 500년 BC 900년경 이탈리아에 정착한 에트루리아인이 전성기를 누렸으나, 곧 로마인이 그들의 뒤를 이었다.

BC 480년경 아테네의 의회는 회의실인 불레테리온에서 7일마다 모임을 가졌다. 하지만 시민들이 반드시 참석해야 하는 것은 아니었다.

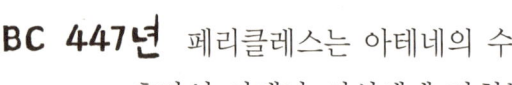

BC 447년 페리클레스는 아테네의 수호자인 아테나 여신에게 바치는 파르테논 신전을 지었다. 이 신전은 아테네에서 가장 높은 곳인 아크로폴리스에 지어졌는데, 2000년 이상이 지난 지금도 아테네를 내려다보고 있다. 아크로폴리스는 '높은 도시'를 뜻하는 산성 도시인데 사실 높이가 해발 156미터에 불과해 산이라기보다는 언덕에 가깝다.

유명한 사람들

페리클레스 (BC 495~429)

전쟁 중 아테네를 성공적으로 인도했고 예술과 문화를 발전시켰다. 페리클레스 시대는 아테네 최고의 전성기였다.

소크라테스 (BC 469~399)

'악법도 법이다' 라는 유명한 말을 남긴 소크라테스는, 아테네의 유명한 철학자로, 정치적인 부패를 비판하다가 결국 누명을 쓰고 독약을 마셨다.

히포크라테스 (BC 460~377)

그리스의 의사로 현대 의학의 아버지로 불리고 있다. 그는 최초로 환자의 증상을 연구하고 어떻게 치료했는지를 기록했다.

또한 그는 의사가 지녀야 할 윤리적인 지침도 세웠는데, '나의 환자의 건강과 생명을 첫째로 생각하노라' 와 같은 '히포크라테스 선서' 는 지금도 일반화되어 쓰이고 있다.

BC 350~100년
제국의 흥망

어떤 시기든 전쟁과 급변하는 상황을 찾아볼 수 있다. BC 350~100년에도 마찬가지였다. 하나의 제국이 쇠퇴하면 또 다른 제국이 그 뒤를 이었다. BC 300년경 지금의 멕시코 지역에는 마야족이 올메크족의 뒤를 이어 더 큰 제국을 건설했다. 유럽에서는 로마인들이 북아프리카의 카르타고인들을 공격했다. 그러자 카르타고인들도 로마인들을 공격했다.

중국에서는 무제가 길과 수로를 건설했고 덕분에 제국은 더 넓어졌다. 로마인들 역시 영토를 넓힐 수 있었던 것은 길과 수로 덕분이었다.

페르시아인들은 이집트를 여러 번 점령했다. 그러나 이 시대에 가장 큰 제국을 건설한 사람은 알렉산더 대왕이었다.

알렉산더 대왕은 세상을 떠난 BC 323년까지 그리스에서부터 인도의 서쪽까지 제국을 넓혔다.

타임 라인

BC 336년 알렉산더 대왕이 왕위에 올랐다.
BC 327~325년 알렉산더 대왕이 인도에서 전쟁을 벌였다.
BC 300년경 마야인들이 중앙아메리카에 국가를 세웠다.
BC 272년 인도의 아소카 왕이 왕위에 올라 제국을 건설하기 시작했다. 또한 그는 불교를 받아들였다.
BC 220년경 중국의 진시황이 북쪽 이민족의 침입을 막기 위해 만리장성을 짓기 시작했다.

BC 218년 카르타고의 장군 한니발이 알프스 산맥을 넘어 로마로 쳐들어가 제2차 포에니 전쟁을 일으켰다.
BC 170년경 작은 도시국가들이 인도 펀자브 지방에 세워졌다.
BC 150년 로마가 북아프리카의 카르타고를 멸망시켰다.
BC 140년 중국의 무제가 고조선과 북베트남을 정복했다.

A date to remember 기억할 연도 BC 220년
중국의 만리장성

어서 당겨! 언제까지 성을 쌓아야 하는 거야?

BC 350~100년
중요한 사건

BC 340년경 데모스테네스는 아테네인들을 이끌고 마케도니아의 필리포스 2세를 물리쳤다.

BC 336~323년 필리포스 2세의 아들인 알렉산더는 거대한 제국을 건설했지만 BC 323년 그의 죽음과 함께 제국도 무너졌다.

BC 292~280년경 태양의 신 헬리오스의 거대한 청동상이 지중해의 로도스 섬에 세워졌다. 항구 입구에 두 다리를 벌린 채 서 있는 이 청동상은 로도스의 거상이라 불렸다.

BC 146년 로마와 카르타고는 세 번의 전쟁을 치렀다. 이 해에는 마지막 전쟁이 벌어졌고 스키피오 장군이 이끄는 로마군이 승리했다. 카르타고는 완전히 멸망했고 로마가 그 식민지를 모두 차지했다.

로도스의 거상

BC 509~27년 BC 753년부터 왕정 국가 체제로 운영되던 로마는 BC 509년 마지막 황제가 물러나면서 공화정으로 바뀌었다. 그러자 귀족 중 두 명을 집정관으로 뽑고 유력한 가문에서 300명의 원로원을 선발하면서 높은 자리는 부유하고 힘 있는 집안에서 차지했다.

유명한 사람들

알렉산더 대왕(재위 BC 336~323)

용감한 장군이자 영리한 전술가였던 알렉산더 대왕은 BC 333년 이수스 전투에서 페르시아인을 무찔렀다. 전쟁에서 승리한 후 그는 인도로 갔으며, 덕분에 그리스 문화가 인도에까지 전파되었다.

중국의 진시황(BC 210년 사망)

중국 최초의 중앙집권적 통일 제국인 진나라를 건설한 황제 진시황은 엄청난 군대를 지휘했으며, 전국시대 국가들의 장성을 이어 만리장성을 완성했다. 무병장수하고 불로장생하길 간절히 바랐던 진시황은 불로장생의 약을 얻기 위해 엄청난 돈을 들이기도 했다. 진시황의 능에는 진흙으로 만든 실물 크기의 병마용 6,000여 개가 함께 묻혀 있었다. 이 무덤은 진시황이 즉위하자마자 착공되어 약 70만 명이 동원되어 완성되었다.

BC 100~AD 100년
강성한 로마

세계를 지배하던 로마인들은 때로 도전을 받곤 했지만 결코 약해지지 않았다.

로마 제국의 영토는 트라야누스 황제(AD 98~117) 때 가장 넓었다. 이 때 로마 제국은 영국 북부에서 유럽을 가로질러 북아프리카와 흑해에 이르기까지 뻗어 있었다. 그러나 로마 제국이 항상 평화로웠던 것은 아니었다. 지배 계급의 다툼과 암살, 심지어 반란이 일어나기도 했다.

BC 79년 베수비오 화산이 터지면서 폼페이 시와 헤르쿨라네움 시가 파괴되고 수천 명이 죽었다. 당시 화산 폭발이 자연현상이라는 것을 알지 못했던 사람들은 신이 화가 난 것이라고만 믿고 불안에 떨어야 했다.

타임 라인

BC 86년 한나라 무제가 죽고 사회가 불안해졌다.
BC 55년 율리우스 카이사르가 영국을 침공했지만 실패했다.
BC 30년 로마가 이집트를 점령하자 클레오파트라가 자살했다.
BC 27년 로마 공화국이 막을 내리고, 옥타비아누스가 최초의 로마 황제가 되면서 로마의 평화시대가 시작되었다.
BC 5년경 베들레헴에서 예수가 태어났다.
AD 25년 한나라가 다시 강성해졌다.
AD 43년 로마인들이 영국을 정복했다.
AD 44년 로마인들이 마우레타니아(현재의 모로코)를 정복했다.

AD 61년 보디세아의 여왕 이세니가 지금의 영국을 지배하던 로마인에 맞서 반란을 일으켰다. 이세니는 콜체스터와 런던을 파괴했지만 결국 패배했다.

A date to remember 기억할 연도 BC 79년

베수비오 화산 폭발!

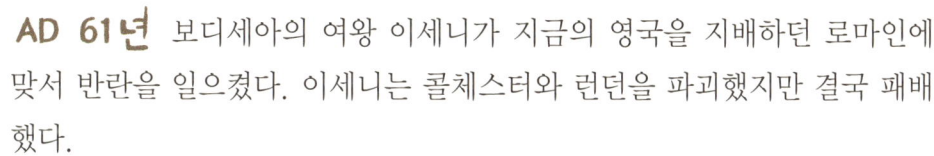

으악! 신께서 진노하셨다!

BC 100~AD 100년
중요한 사건

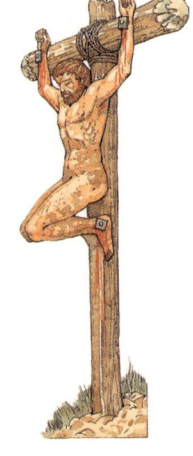

BC 73~71년 스파르타쿠스가 4만 명의 노예를 이끌고 반란을 일으키자, 그에 대한 처벌로 6,000여 명의 노예가 로마의 주요 도로를 따라 십자가에 매달렸다.

BC 44년 카이사르가 그의 반대 세력에 의해 암살되었다.

BC 31년 악티움 해전에서 이집트의 왕인 클레오파트라와 안토니우스가 로마인에게 패했다.

BC 5년경 동방박사가 말구유에서 태어난 아기 예수를 만났다.

AD 9년 아르미니우스가 이끄는 게르만족이 로마군을 무찔렀다. 이 공격으로 로마는 커다란 타격을 입었다.

AD 61년 영국 서쪽에 있던 이세니의 반란으로 로마 제국은 다시 한 번 충격에 빠지게 되었다. 이 반란을 이끈 사람은 부디카 여왕이었다.

AD 73년 AD 70년 로마인들은 예루살렘의 신전을 파괴하고 마사다를 점령했다. 마사다를 수비하던 유대인들은 이교도들의 노예가 되느니 죽음을 선택하겠다며 집단 자살했다.

AD 75년 로마인들은 새로운 종교인 기독교를 경계하여 기독교인들을 처형하기 시작했다. 기독교인들은 **콜로세움**에서 사나운 동물이나 무장한 검투사와 싸워야 했는데, 로마인들은 이 경기를 스포츠처럼 즐겼다.

유명한 사람들

옥타비아누스/아우구스투스 (재위 BC 27~AD 14)

카이사르가 살해되자 로마는 잠시 동요하기 시작했다. 하지만 곧 옥타비아누스가 권력을 잡고 아우구스투스 황제로 등극하자 로마도 안정을 되찾았다.

티베리우스 (재위 AD 14~37)

양아버지 옥타비아누스의 뒤를 이어 로마의 황제가 되었다. 그러나 재정 낭비를 막기 위한 정책을 단행하고 황제 주최의 전차 경기와 검투사 경기 등을 중지시켜 로마 시민들로부터 인기를 얻지 못했다.

네로 (재위 AD 54~68)

클라우디우스 황제의 의붓아들이자 후계자였던 네로는 의붓아버지가 아내(네로의 어머니)에 의해 살해되자 황제가 되었다. 잔인하고 불안정하던 네로 황제는 국외의 반란과 국내의 음모에 시달리다 결국 자살했다.

100~350년
쇠퇴하는 제국

 AD 98~117년에 로마 제국의 영토는 가장 넓었지만, 국경 근처, 특히 영국 북부, 독일 북부, 흑해 근처의 이민족들은 끊임없이 로마를 괴롭히며 힘을 약화시켰다. 모든 로마 황제가 훌륭했던 것은 아니었다.

어떤 황제는 약했고, 어떤 황제는 부패했으며 또 어떤 황제는 약한데다 부패하기까지 했다.

세계의 다른 곳에서도 비슷한 일들이 벌어지고 있었다. 아프리카의 누비아 왕국은 악숨(현재의 에티오피아)에 의해 정복된 후 홍해의 중심 세력으로 떠올랐다.

한편 중국에서는 중앙아시아에서 이동해온 부족들이 만리장성을 뚫고 침입하여 중국인들을 괴롭혔다.

타임 라인

AD 100년경 중국에서 종이가 발명되었다.
180년경 일본에서 서로 다른 민족들이 더 큰 집단으로 뭉치기 시작했다.
195년경 카스피 해 근처의 파르티아에서 건너간 사람들이 인도를 침입했다. 그들은 200년 이상 권력을 잡았다.
200년 700년 만에 나이지리아의 노크 문명이 멸망했다.
250년경 마야의 천문학자들이 복잡한 수학적 계산을 해 냈다.
260년 페르시아의 샤푸르 1세는 아버지가 세운 제국을 강화하고 영토를 확장했으며, 로마를 무찌르고 발레리아누스 황제를 생포했다.

268~273년 팔미라의 제노비아 여왕은 로마 영토의 일부를 정복하고 이집트를 영유한 후에 소아시아 일대까지 그 세력을 떨쳤다. 팔미라는 시리아 사막의 중앙에 위치하고 동서 교역으로 번영한 도시였다.

320년 찬드라굽타 2세가 인도에 굽타 왕조를 세웠다. 굽타 왕조는 찬란한 문명을 꽃피우기 시작했다.

A date to remember 기억할 연도 **100년**

중국에 불교가 소개되었다

100~350년
중요한 사건

122~127년 로마의 하드리아누스 황제가 로마 제국의 국경을 확실히 하기 위해 영국에 하드리아누스 방벽을 쌓았다.

161~180년 마르쿠스 아우렐리우스 황제가 로마를 다스렸다. 게르만족의 공격이 늘어나면서 로마 제국의 북쪽 국경선이 위협받게 되었다.

211~217년 잔인하고 부패한 황제 카라칼라가 동생을 죽이고 단독으로 로마를 다스렸다.

235년 로마 제국이 정치적으로 불안해지기 시작했다.

270년 평범한 군인이었다가 황제까지 된 아우렐리안 황제는 다키아(현재 루마니아의 북서쪽)를 고트족에게 빼앗겼다.

286년 이민족의 공격이 심해지자 디오클레티아누스는 로마 제국을 둘로 나누었다. 그는 막시미아누스를 황제로 지명해 서로마를 다스리게 하고 자신은 동로마를 다스렸다.

유명한 사람들

트라야누스(재위 98~117)
훌륭한 장군이자 인기 있는 황제였던 트라야누스는 많은 개혁 정책을 실시했다. 또한 다키아를 로마 제국의 일부로 편입시켰다.

하드리아누스(재위 117~138)
트라야누스의 양자였던 하드리아누스는 황제가 된 후 국경을 튼튼히 하는 것이 자신의 임무라고 생각하고 영국 북부에 하드리아누스 방벽을 세웠다.

디오클레티아누스(재위 284~305)
그는 약해진 로마 제국을 둘로 나누어 분할통치를 시행했으며 전제군주제를 수립했다. 그가 로마를 다스릴 당시에는 많은 기독교인이 박해를 받았다.

콘스탄티누스(재위 306~337)
330년에 수도를 로마에서 비잔틴으로 옮기고 이름을 콘스탄티노폴로스로 바꾸었다. 콘스탄티노폴로스는 나중에 다시 콘스탄티노플로 이름을 바꾸었다. 이 곳이 바로 현재의 이스탄불이다. 밀라노 칙령을 공포하여 기독교를 공인하고, 니케아 종교회의를 열어 정통교리를 정했다.

350~640년
제국의 멸망

오랫동안 유럽, 북아프리카, 중동을 지배하던 로마 제국은 5세기에 멸망했다. 로마 제국은 북유럽에서 고트족과 반달족이 쳐들어오자 제국의 외곽 지역을 포기해야 했다. 그리고 410년에는 고트족이 제국의 수도이자 권력의 중심지인 로마를 장악했다.

이런 공격은 455년에도 반복되었는데, 이 때는 반달족이 로마를 침략했다. 결국 476년에 로마 제국의 서쪽은 사라지고 말았다. 반면에 동쪽의 비잔틴 제국은 이후 1000년을 더 존재했다.

로마 제국이 사라지면서 로마 제국의 영토였던 프랑스 동쪽과 서쪽, 영국, 북아프리카와 이탈리아 등에는 작은 왕국들이 세워졌다.

타임 라인

370년경 중앙아시아의 유목민족인 훈족이 유럽을 공격했다.
391년 테오도시우스 황제가 기독교를 국교로 받아들였다.
400년경 잉카인들이 남아메리카에 국가를 세웠다.
430~470년 훈족의 공격으로 인도 굽타 왕조가 약해졌다.
531년 뛰어난 통솔력으로 유명한 비잔틴 제국의 황제 유스티니아누스가 악숨에 기독교 사절을 보냈다.
537년경 브리턴족의 왕인 알프레드가 캄란 전투에서 전사했다.
600년경 중앙아메리카의 마야 문명이 절정기를 맞았다.

624년 불교가 중국의 공식 종교가 되었다.
632년 이슬람교를 창건한 무함마드가 사망했다.
640년 아랍인이 이집트를 점령했다.

A date to remember 기억할 연도 **410년**
고트족이 로마를 침략하다

350~640년 중요한 사건

434~453년 훈족의 왕인 아틸라가 권력을 잡자 유럽은 황폐화되었다. 아틸라는 재위기간 동안 로마 제국에 큰 위협을 주면서 대제국을 건설했다.

493년 동 고트족의 왕인 테오도리쿠스가 이탈리아에 왕국을 세웠다. 그는 로마문화를 받아들이려고 했다.

534~537년 그리스도교의 대성당인 아야소피아 성당이 콘스탄티노플에 지어졌다. 이 성당은 세계에서 가장 큰 돔이었다.

627년경 이스트앵글리아의 왕인 래이월드가 죽었다. 서퍽 서턴후의 배 무덤에서 굉장한 보물들이 발굴되었는데 래이월드의 무덤으로 추정되고 있다. 왼쪽의 투구가 그 무덤에서 나온 유물이다.

아야소피아 성당의 모습

629~639년 다고베르트가 왕이 되어 프랑크족을 통일하고 힘을 키웠다.

640년 비잔틴 제국이 이슬람교를 믿는 아랍인들에게 공격당했다.

유명한 사람들

무함마드(570~632)
메카에서 태어나 세계에서 가장 큰 종교 중 하나인 이슬람교를 창건했다. 그러나 신은 하나뿐이라는 그의 가르침은 당시에는 인기가 없었다.

헤지라(622)
무함마드의 가르침이 인기를 얻지 못하자, 그와 그의 추종자들은 메카를 빠져나가 메디나로 갔다. '헤지라'는 이주라는 뜻으로, 본래 아라비아인이 자기 식구를 버리고 떠나는 것을 의미한다.

메카로의 귀환(630)
고생 끝에 메카로 돌아온 무함마드는 그 곳을 이슬람교의 중심으로 만들었다. 그리고 그 중심에 이슬람교의 성전인 '카바'를 세웠다.
이슬람 교도들은 전 세계의 어느 곳에서도 카바가 있는 쪽을 향해 예배를 드린다. 메카 순례의 의식도 이 곳에서 시작되고 끝난다.

640~899년
땅과 바다의 침략자들

8, 9세기에 유럽 사람들은 이민족의 공격을 두려워하며 살았다. 북서쪽에서는 바이킹이 공격해 왔고 남서쪽에서는 이슬람 세력이 공격해 왔기 때문이었다.

711년경 스페인 땅의 대부분이 이슬람 세력에 넘어갔다. 그러나 732년 푸아티에 전투에서 이슬람 세력은 프랑스로 진격해 들어가지 못하고 패배했다. 이 전투는 서유럽을 이슬람으로부터 지킨 데 큰 의의가 있다.

고향인 스칸디나비아반도에서 힘들게 살았던 바이킹은 돈 많고 힘없는 수도원을 공격했다. 그들은 793년 영국 북서부의 린디스판과 재로의 수도원들을 공격했다. 그 후 린디스판과 재로의 주민들은 여름마다 바다를 지켜보며 바이킹의 배가 나타나는지를 감시해야 했다.

타임 라인

649년 중국의 태종이 죽었다.
661년 이슬람교를 믿는 우마이야 왕조가 다마스쿠스(현재의 시리아)에서 집권했다. 서유럽에 이슬람 문화를 전파했다.
674~678년 아랍인들이 콘스탄티노플을 포위했다.
700년경 아나사지인들이 북아메리카에 나타났다.
702년 아라비아어가 이집트에서 공식 언어가 되었다.
711년 아랍인들이 스페인을 점령했다.
756년 이탈리아에 교황령이 세워졌다.

793년 바이킹이 노섬브리아 해안을 공격했다.
814년 바그다드가 세계에서 가장 큰 도시였다.
850년 짐바브웨에 아크로폴리스가 세워졌다.
861년 바이킹이 아이슬란드에 도착했다.

A date to remember 기억할 연도 711년 스페인을 침략한 무어족

711년부터 1236까지 아랍계 이슬람교도인 무어족이 스페인의 코르도바를 다스렸다. 이슬람교 사원인 대모스크는 그들이 세운 가장 장엄한 건물로, 오늘날에도 이슬람교의 색채가 그대로 남아 있다.

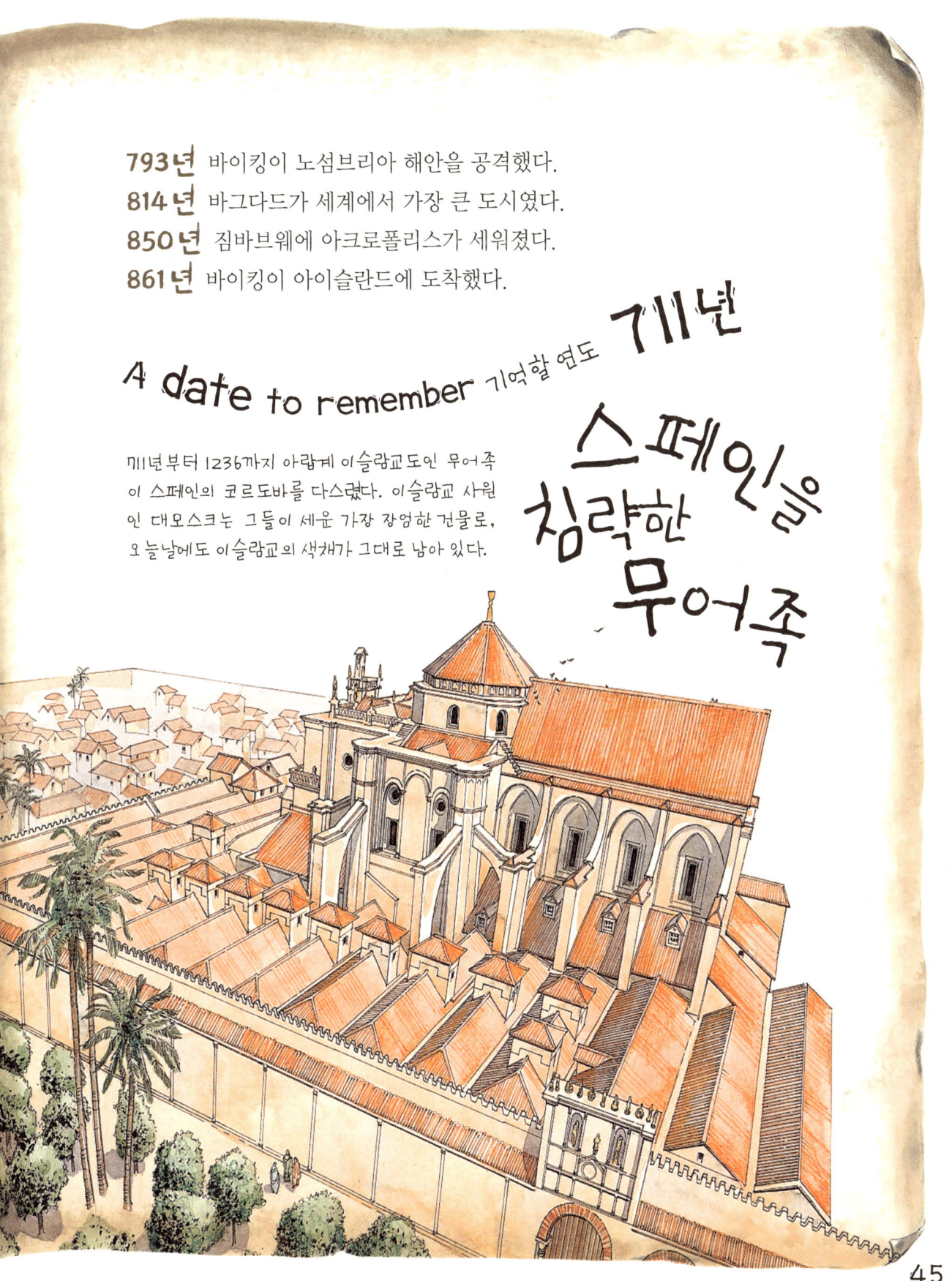

640~899년
중요한 사건

627~649년 당나라의 태종 황제가 중국을 다스렸다. 그는 형제들을 죽이고 아버지를 몰아낸 뒤 왕이 되었다.

661년 무함마드의 사위이자 이슬람 세계의 지도자인 알리가 살해되자, 그를 따르던 시아파들이 이슬람 세계에서 이탈하게 되었다.

732년 샤를 마르텔이 푸아티에 전투에서 승리하면서 더 이상 이슬람 세력이 유럽으로 들어가지 못하게 되었다.

755년 44년간 중국 당나라의 황제였던 현종이 반란군에 쫓겨 도망쳤다. 반란을 주도했던 안녹산이 황제가 되었지만 757년 반란이 진압되자 자살했다.

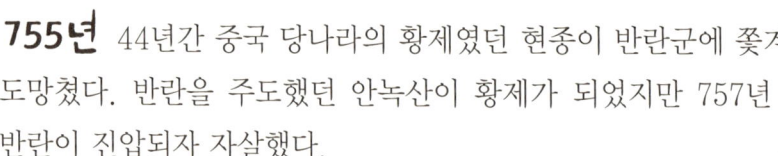

779년 머시아의 왕인 오파가 잉글랜드의 지배자가 되었다. 757년 그는 웨일스인들의 침입을 막기 위해 해자를 건설했다.

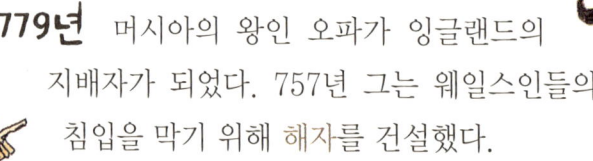

787년 콘스탄티누스 6세가 다스리던 니케아에서 종교회의가 열렸다. 회의를 통해 기독교 교리의 기준을 세우게 된다.

871~899년 웨식스의 알프레드 대왕은 브리튼 서쪽으로 밀고 들어오던 데인족을 막았다.

882년 바이킹인 올레크가 키예프를 점령하고 러시아의 수도로 삼았다. 그는 여러 슬라브족을 정복했다.

895년 파리가 바이킹에게 포위되었다. 896년 바이킹은 센강 입구에 자리를 잡았다.

유명한 사람들

샤를마뉴 대제(재위 771~814)

그는 유럽의 많은 지역을 점령하고 신성 로마 제국을 세웠다. 카롤링거 왕조의 제2대 프랑크 국왕이다.

법과 정의의 수호자
샤를마뉴 대제는 전국으로 재판관들을 보내 정의와 법을 수호하도록 했다.

기독교 왕
샤를마뉴 대제는 당시의 수많은 이교도들에게 기독교도가 될 것을 명령했다.

법의 제정자
권위를 세우기 위해 샤를마뉴 대제는 새로운 법을 만들고 관리를 파견하여 그 법을 시행하도록 했다.

899~1050년
침략자 대 지배자

9세기 말 이슬람 세계의 지배자들은 서쪽의 스페인 반도에서 동쪽의 아프가니스탄까지 다스렸다. 751년에 그들은 중국을 침략해 승리하기도 했다. 그러던 중에도 그들은 기독교도와 유대인들의 종교를 인정하고 학문과 의학을 장려했다.

반면 유럽 북부로 좀더 올라가면 이야기가 조금 달라진다. 9, 10세기에 바이킹은 영국과 북서 유럽을 공격해 거세게 몰아붙였다. 그러다 바이킹은 점차 약탈자에서 무역상으로 바뀌었고 마침내 자신들이 공격했던 땅에 정착하기 시작했다.

바이킹은 북쪽에서 왔기 때문에 노스맨(북쪽 사람들)으로 불렸고, 여기서 유래하여 11세기 경 프랑스 북부에 살던 사람들을 노르만족이라고 부르게 되었다.

타임 라인

900년경 하랄 미발왕이 노르웨이를 통일했다.
900년 마야족이 중앙아메리카의 유카탄으로 이동했다.
907년 중국에서 내전이 벌어졌다.
920년 아프리카의 가나 제국이 절정기를 누렸다.
982년 바이킹 에리크가 그린란드에 식민지를 세웠다.
990년 얀투(현재의 베이징)가 북중국의 수도가 되었다.
1000년경 중국에서 화약을 발명했다.
1000년경 에리크의 아들인 레이프 에릭슨이 북아메리카에 도착했다.

1016년 덴마크의 카뉴트(크누트)가 잉글랜드의 왕이 되었다.
1016년 시칠리아가 노르만족의 침입을 받았다.

A date to remember 기억할 연도 **1000년**

바이킹이 아메리카에 도착하다

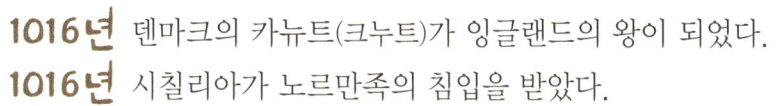

우리 땅에서 당장 나가!

899~1050년
중요한 사건

899년 바이킹의 침략을 막아냈던 웨식스의 알프레드 대왕이 세상을 떠났다.

900년경 중앙아시아의 지배자였던 이스마일의 무덤은 현존하는 가장 오래된 건축물이다.

922년 칼리프(이슬람교의 지배자)의 특사였던 이븐 파들란이 러시아 볼가 강둑에서 있었던 바이킹의 장례식을 보고 기록에 남겼다.

967년경 이집트에 파티마 왕조가 세워지면서 이슬람 세력이 북아프리카에까지 확장되었다.

1003년 덴마크의 왕인 스웨인 포크비어드가 누이동생의 복수를 위해 영국을 침략했다.

1013년 스웨인이 영국을 점령했다.

1042년 참회왕 에드워드가 잉글랜드의 왕이 되었다.

유명한 사람들

하인리히 1세 (재위 919~936)

'들새사냥꾼'이라는 별명이 붙은 하인리히가 작센을 다스렸다. 936년, 그가 사망하자 아들 오토가 그의 뒤를 이으면서 세습 왕국이 확립되었다.

하랄 1세 (재위 950~986)

969년경 덴마크의 왕인 하랄이 기독교도가 되었다. 그는 기독교도가 된 최초의 바이킹 왕이었다. 하랄은 독일의 왕인 오토에게 패하자 평화협정에 따라 기독교도가 되었다는 설도 있다.

블라디미르 대제 (재위 980~1015)

989년 키예프의 대공인 블라디미르가 비잔틴 공주와 결혼한 후 기독교도가 되었다.

그는 백성들에게도 개종할 것을 명령했고, 드네프르 강에서 대규모 세례식을 열었다.

그는 동 슬라브족과 인접 민족을 토벌하고 남쪽 유목민을 잘 막았다.

하지만 11세기 이후 나라가 분열되고 약화되어 13세기에는 몽골의 지배를 받게 되었다.

1050~1180년
종교 전쟁

투르크족의 세력이 커지자 기독교인들은 시련을 겪게 되었다. 이전의 이슬람 지배자들보다 관대하지 않았던 투르크족은 자신들이 정복한 땅의 기독교인들을 처형하기 시작한 것이다.

그러자 1095년 비잔틴 제국의 황제는 교회의 수장인 교황 우르바노 2세에게 도움을 청했고, 교황은 투르크족에 맞서 싸우자고 목소리를 높였다. 수천 명이 그의 뜻과 함께 했다.

그리고 사람들 중에는 종교적인 이유로 전쟁에 참여하기도 했지만 땅과 부를 얻기 위해 나선 이들도 있었다.

수천 킬로미터 떨어진 아시아의 캄보디아에서는 앙코르와트가 세워졌다. 그 제국을 가장 크게 키운 수리야바르만 2세를 기리는 사원이었다.

타임 라인

1066년 노르망디의 윌리엄은 헤이스팅스 전투에서 잉글랜드의 헤럴드를 격파하고 잉글랜드의 윌리엄 1세가 되었다.

1071년 셀주크투르크가 예루살렘을 점령했다.

1086년 잉글랜드의 윌리엄 1세가 재산소유권을 조사하여 《둠즈데이북》을 만들었다.

1094년 포르투갈이 독립된 왕국이 되었다.

1095년 제1차 십자군 전쟁이 일어났다.

1100년경 나이지리아의 이페 왕국이 강성해졌다.

1147년 제2차 십자군 전쟁이 일어났다.
1150년경 파리대학교가 세워졌다.
1151년 멕시코의 톨텍 제국이 멸망했다.
1156년 일본에서 내전이 벌어졌다.
1169년 이집트를 점령한 살라딘이 기독교도의 막강한 적이 되었다.

A date to remember 기억할 연도

1150년 앙코르와트 완공

1050~1180년
중요한 사건

1066년 잉글랜드의 마지막 앵글로색슨 왕인 참회왕 에드워드가 사망했다.

1071년 비잔틴 제국의 황제에게 두려움을 느낀 투르크족이 술탄 알프 아르슬란(왼쪽)에게 도움을 요청했다.

1095년 프랑스의 클레르몽에서 교황 우르바노 2세(오른쪽)가 기독교도들에게 신성한 땅에 가서 성지(예수 그리스도와 관련이 있는 장소)를 구하자고 목소리를 높였다.

1099년 십자군이 투르크족에게서 예루살렘을 탈환했다.

1135년 정복자 윌리엄의 손자인 스티븐이 마틸다 여왕으로부터 잉글랜드의 왕위를 빼앗았다. 그 결과 내전이 벌어졌고 1148년 마틸다가 패배했다.

1170년 캔터베리 대주교인 토머스 아 베케트가 헨리 2세의 명령으로 살해당했다. 교황은 1173년 그를 성인으로 올렸다.

1177년 교황 알렉산더 3세는 독일의 프리드리히 1세와의 다툼에서 승리했다. 이 패배로 프리드리히 1세는 '교황은 황제가 아니라 추기경이 선출하는 것'이라고 인정해야 했다.

유명한 사람들

시칠리아의 로제르 2세
(재위 1130~1154)

예술과 학문을 장려했던 노르만의 왕이었다.

멜리산데 (재위 1143~1152)

예루살렘의 왕비로, 아들인 발드윈 3세와 함께 나라를 다스렸으나 아들에게 추방당했다.

살라딘 (재위 1174~1193)

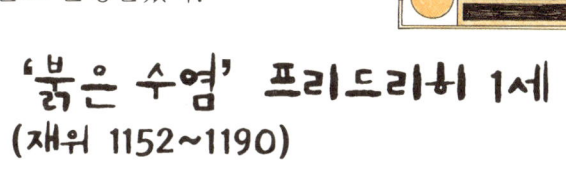

이슬람의 정치가이자 장수였던 살라딘은, 예루살렘 뿐만 아니라 팔레스티나에서 큰 권력을 누렸으며 공정한 인물로 존경받았다.

'붉은 수염' 프리드리히 1세
(재위 1152~1190)

신성 로마 제국의 황제로 붉은 턱수염 때문에 '붉은 수염'이라는 별명을 얻게 되었다.

1180~1300년
전쟁과 권리

이슬람교도에 맞서 십자군 전쟁에 참여했던 많은 군인이 고향으로 돌아가지 않았다. 왕의 통제에서 벗어난 야심 많은 귀족 군인들은 풍족한 성지에서 얼마든지 땅과 권력을 차지할 수 있었기 때문이었다.

한편 고향으로 돌아온 귀족들 역시 들떠 있기는 마찬가지였다. 여러 해 동안 외국에 나가 왕의 명령 없이도 군대를 잘 이끌었던 그들은, 힘이 약해진 왕을 무시하고 당장 자신의 힘부터 키우기 위한 행동에 나섰다.

타임 라인

1189년 제3차 십자군 전쟁이 시작되었다.
1189년 바이킹이 마지막으로 북아메리카를 방문했다.
1190년 몽골 제국이 동아시아에서 성장했다.
1200년경 북아메리카의 남서쪽에 푸에블로 문화가 절정기를 누렸다.
1200년 모로코에서 유대인들에게 특권이 주어졌다.
1204년 제4차 십자군 병사들이 콘스탄티노플을 약탈했다.
1210년 몽골이 중국을 침입했다.
1215년 잉글랜드의 존 왕은 귀족들의 강압으로 '마그나카르타'에 서명했다.
1234년 몽골인들이 중국의 진왕조를 무너뜨렸다.
1295년 잉글랜드의 에드워드 1세가 모범의회를 소집했다.

A date to remember 기억할 연도 1215년
마그나카르타

존 왕은 1199년에서 1216년까지 잉글랜드를 다스렸다. 그는 재위 기간 중 프랑스에 있던 잉글랜드의 땅을 대부분 잃어 '땅 없는 사람'이라는 별명이 붙기도 했다. 한편 귀족들은 존 왕이 프랑스와의 전쟁 비용을 메우기 위해 자신들에게 세금을 거둬들이자 왕을 노골적으로 싫어했다. 결국 1215년 오랜 투쟁 끝에 귀족들은 마그나카르타에 존 왕의 서명을 받아냈다. 그러나 존 왕은 마그나카르타를 지키지 않았고, 결국 내전이 시작되었다.

귀찮은 귀족들 같으니라구!

1180~1300년
중요한 사건

1185년 일본에서 미나모토 가문이 다이라 가문을 무너뜨리고 권력을 잡았다. 이후 권력은 1219년까지 유지되었다.

1189~1192년 잉글랜드의 리처드 1세(왼쪽), 독일의 프리드리히 1세, 프랑스의 필립 2세 등이 이끄는 제3차 십자군은 살라딘(오른쪽)이 이끄는 이슬람교도로부터 예루살렘을 탈환하는 데 실패했다.

1212년 어린이 십자군이 성지를 향해 출발했다. 그러나 대부분이 악덕 상인에게 속아 성지에 도착하기도 전에 노예로 팔려갔다.

1215년 몽골인이 중국의 수도인 베이징을 약탈했다.

1226~1270년 제6차 십자군 전쟁(1248~1254)과 제7차 십자군 전쟁(1270)을 지휘하던 프랑스의 루이 9세(왼쪽)는 제7차 십자군 전쟁 중에 사망했다.

1236년 카스티야-레온 왕국의 페르난도 3세가 이슬람교도인 무어족을 스페인의 수도인 코르도바에서 몰아냈다.

1261년 비잔틴 제국의 황제인 미카엘 8세가 콘스탄티노플을 되찾았다.

1277년 잉글랜드의 에드워드 1세가 웨일스를 차지하고 튼튼한 성들을 지었다.

유명한 사람들

마르코 폴로 (1254~1324)
이탈리아 베네치아의 상인으로 중국 각지를 여행했으며, 여행기 《동방견문록》을 썼다.

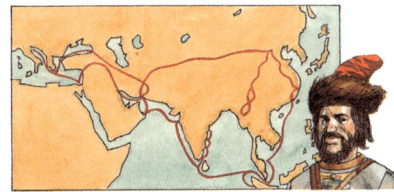

아키텐의 엘리노어 (1122~1204)
당시 유럽에서 가장 영향력 있는 여성이었으며, 잉글랜드 헨리 2세의 왕비였다.

카스티야의 블랑슈 (사망 1234)
카스티야의 왕 알폰소 8세의 딸로 1226년 프랑스의 루이 8세와 결혼해 프랑스 왕비가 되었다.

헝가리의 성녀 엘리자베스 (1207~1231)
남편이 제6차 십자군 전쟁에서 사망하자 평생 가난한 사람들을 돌보며 살았다.

1300~1401년
궁전과 흑사병

처음에는 몇 개의 작은 나라들로 이루어져 있던 아스텍은 점점 세력을 넓혀나갔다. 그들은 자신들에게 맞서는 부족을 무자비하게 탄압했다. 그렇게 영토를 넓힌 그들은 1325년에는 지금의 멕시코 땅을 모두 다스리게 되었다.

아스텍 사람들은 다른 부족 사람들에게 금과 보석 등을 바치도록 했다. 다른 부족 사람들은 아스텍 사람들을 두려워하며 금과 보석 등을 바쳤다. 그렇게 걷은 금과 보석 등은 아스텍의 수도인 테노치티틀란을 짓는 데 쓰였다. 테노치티틀란에는 거대한 궁전과 사원들이 세워졌다.

아스텍 사람들이 멋진 도시를 건설하는 동안 서아시아와 유럽에는 전쟁보다 무서운 일이 벌어지고 있었다. 바로 흑사병이 퍼지고 있었던 것이다.

타임 라인

1306년 프랑스에서 유대인이 추방되었다.
1312년 종교적인 기사단인 템플 기사단이 탄압을 받았다.
1325년경 아스텍 사람들이 지금의 멕시코 지역을 지배하게 되었다.
1328년 모스크바의 대공 이반 1세가 영토를 확장했다.
1333년 중국에서는 기아와 홍수로 500만 명이 죽었다.
1347년 이탈리아에서는 동쪽에서 들어온 흑사병이 번졌다.
1363년 티무르가 아시아를 정복하기 시작했다.

1387년 제프리 초서가 《켄터베리 이야기》를 썼다.
1389년 코소보 전투에서 승리한 투르크족이 발칸 반도를 지배했다.
1397년 포르투갈 탐험가들이 카나리아 제도에 도착했다.
1401년 티무르가 다마스쿠스와 바그다드를 정복했다.

A date to remember 기억할 연도 **1325년경**

아스텍이 멕시코를 지배하다

강성해진 아스텍 사람들은 1325년경부터 아스텍의 수도 테노치티틀란을 건설했다. 족장인 테노크는 텍스코코 호수 중간에 도시를 건설하도록 했다. 그 후 스페인 사람들이 테노치티틀란에 건물들을 세웠고 그 곳이 현재의 멕시코시티가 되었다.

1300~1401년 중요한 사건

1305년경 남아프리카의 베냉 제국이 세력을 넓히기 시작했다.

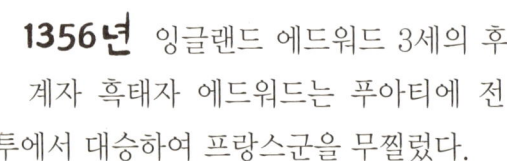

1313년 프랑스의 공정왕 필립은 유대인을 몰아내고 템플 기사단을 제거한 후 모든 나병 환자를 태워죽이라는 명령을 내렸다.

1314년 잉글랜드의 지배에서 독립하려 했던 스코틀랜드의 로버트 왕이 배넉번 전투에서 잉글랜드군을 무찔렀다.

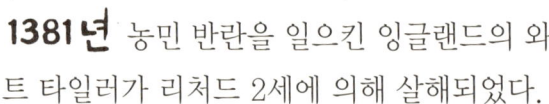

1348년 잉글랜드에 흑사병이 번졌다. 1351년경 유럽인의 3분의 1이 흑사병으로 죽었다.

1356년 잉글랜드 에드워드 3세의 후계자 흑태자 에드워드는 푸아티에 전투에서 대승하여 프랑스군을 무찔렀다.

1381년 농민 반란을 일으킨 잉글랜드의 와트 타일러가 리처드 2세에 의해 살해되었다.

1389년 오스만 제국을 세운 바야지드 1세가 터키에서 권력을 잡았다.

1401년 잉글랜드의 헨리 4세에 맞서 오언 글렌도어가 웨일스에서 반란을 일으켰다.

유명한 사람들

잉글랜드의 에드워드 3세
(재위 1327~1377)

1337년 프랑스에 있던 잉글랜드의 땅을 되찾기 위해 백년 전쟁을 시작했으며, 1346년 크레시에서 프랑스군을 격파했다.

프랑스의 '현왕' 샤를 5세
(재위 1364~1380)

뛰어난 군인으로 에드워드 3세에게 빼앗겼던 땅을 대부분 되찾았다.

모스크바의 대공 드미트리
(재위 1359~1389)

1240년까지 모스크바는 거대한 몽골 제국에 속해 있었다. 그러나 몽골 제국이 약해지자 1380년 드미트리가 몽골 사람들을 물리쳤다. 이 승리는 모스크바 봉건왕정을 확립하게 했다.

1401~1520년
탐험의 시대

수천 년 동안 사람들은 지구가 평평하다고 생각했다. 그러나 15세기 말부터 지구가 둥글다는 사실이 널리 알려지게 되었다. 그러자 사람들은 처음 항해를 시작했던 동쪽으로만 계속 항해를 한다면 결국 원래의 출발 지점으로 되돌아오게 될 것이라는 생각을 하게 되었다. 이 사실은 유럽의 무역상인들에게 정말 중요한 정보였다. 당시 가장 중요한 무역상품은 향신료였다. 아주 먼 동양에서 들여와야 했던 향신료는 유럽에 들여오기까지 여러 사람의 손을 거쳐야 했고 그 과정에서 값은 점점 비싸졌다. 그러다가 서쪽으로만 항해를 하면 동쪽의 인도 제국에 도착할 수 있다는 것을 알게 되면서 향신료를 유럽으로 바로 들여올 수 있는 길이 열리게 된 것이다.

타임 라인

1405년 중국이 새로운 무역로를 개척했다.
1455년 잉글랜드에서 장미 전쟁이 시작되었다.
1480년 이반 3세가 몽골의 지배를 받던 모스크바를 해방시키고 러시아의 차르가 되었다.
1487년 바르톨로뮤 디아스가 아프리카의 남쪽 끝을 항해했다.
1497년 잉글랜드의 브리스틀을 출발한 존 캐벗이 뉴펀들랜드에 도착했다.
1498년 콜럼버스가 지금의 남아메리카 대륙에 도착했다.
1499~1502년 아메리고 베스푸치가 남아메리카 해안을 탐험했다. 새로 발견된 신대륙은 그의 이름을 따서 아메리카라고 불리게 되었다.

1513년 포르투갈 사람들이 중국 광둥성에 도착했다.
1517년 마르틴 루터가 교회를 개혁하기 시작했다.

A date to remember 기억할 연도 **1492년**

아메리카 대륙에 도착한 콜럼버스

1492년 8월 스페인의 팔로스항을 출발한 크리스토퍼 콜럼버스는 서쪽으로 항해를 했다. 세 척의 배와 120명의 선원은 1492년 10월 바하마 군도에 도착했다. 그들은 그곳을 인도 제국이라고 생각했다.

아무래도 인도 제국 같지 않은데!

1401~1520년
중요한 사건

1438년 잉카의 파차쿠티 왕이 나라를 키우기 시작했다. 잉카인들은 토마토와 목화를 재배했고 천문학과 외과의학을 발전시켰다.

1453년 오스만 제국이 콘스탄티노플을 함락시키면서 비잔틴 제국이 멸망했다.

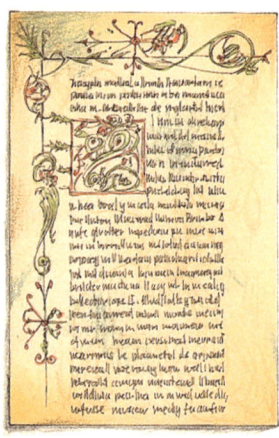

1455년경 독일의 요하네스 구텐베르크가 《성경》을 제작했다(왼쪽). 활판 인쇄술로 찍어낸 최초의 《성경》은 1500년경까지 4만 부 이상 팔렸다.

1454년 베니스의 프란체스코 포스카리 총독이 오스만 사람들과 조약을 체결했다.

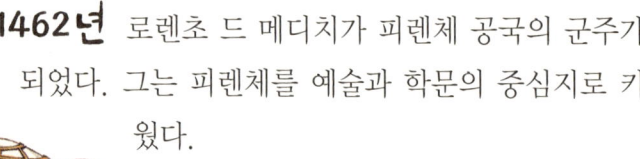

1462년 로렌초 드 메디치가 피렌체 공국의 군주가 되었다. 그는 피렌체를 예술과 학문의 중심지로 키웠다.

1477년 부르고뉴의 샤를이 사망하고 프랑스가 그 땅을 차지했다.

1485년 리처드 3세가 보즈워스 전투에서 헨리 튜더(오른쪽)에게 패했다. 헨리 튜더는 헨리 7세가 되었고 이로써 튜더 왕조가 시작되었다.

1498년 바스코 다 가마(왼쪽)가 인도에 도착했다. 그는 인도에 도착한 최초의 유럽인이었다.

1509년 헨리 7세가 죽고 아들이 헨리 8세가 되었다. 그는 나중에 이혼 문제로 교황과 다투게 된다.

유명한 사람들

잉글랜드의 헨리 5세(재위 1413~1422)
백년 전쟁이 한창이던 1415년 아쟁쿠르에서 많은 프랑스군을 무찔렀다.

잉글랜드의 헨리 6세(재위 1422~1461, 1470~1471)
헨리 6세는 정신병을 앓기도 했었는데, 그가 통치하던 시기의 정부는 약하고 인기도 없었다.

잉글랜드의 리처드 3세(1483~1485)
에드워드 4세의 동생으로 조카 에드워드 5세의 섭정이었다. 에드워드 5세와 그 동생을 탑에 가두고 왕이 되었지만(리처드가 두 조카를 살해했다는 설도 있었다), 보즈워스에서 헨리 튜더와 싸우다 죽었다. 헨리 튜더는 리처드 3세의 뒤를 이어 헨리 7세가 되었다.

67

1520~1600년
민족주의와 종교

16세기에는 국가나 종교별로 분쟁이 많았다. 심지어 같은 기독교 내에서도 분쟁이 벌어지기도 했다. 마르틴 루터가 부패한 가톨릭 교회에 도전했고 그 영향으로 유럽 전체가 동요했다. 이 때 성장하고 있던 민족주의도 한몫 거들었다.

북서 유럽의 많은 국가들(일부는 스페인의 지배를 받았다)이 루터처럼 가톨릭 교회에 맞서기도 했다. 특히 네덜란드에서는 스페인으로부터 그리고 가톨릭 교회로부터 독립하려는 움직임이 커졌다.

멀리 아메리카에서도 대혼란을 겪고 있었는데, 아메리카의 원주민들은 총칼을 앞세우고 침략해온 유럽 사람들에게 제대로 맞서지 못했다.

타임 라인

1520년 잉글랜드의 헨리 8세가 프랑스의 프랑수아 1세를 만났다.
1521년 스페인의 코르테스가 아스텍의 테노치티틀란을 정복했다.
1523년 스웨덴이 덴마크에서 독립했다.
1529년 스위스에서 신구교도 간에 전쟁이 벌어졌다.
1534년 수장령에 의해 영국이 로마 교회에서 떨어져 나왔다.
1571년 수단에서는 보르누 제국이 번성했다.
1572년 스페인 사람들은 잉카의 마지막 왕인 토파 아마루를 처형했다.
1582년 일본에서는 히데요시가 권력을 잡았다.
1589년 신교도인 나바르의 앙리가 가톨릭 국가인 프랑스의 왕이 되었다. 그가 바로 앙리 4세다.

1598년 낭트 칙령으로 프랑스에서 신교도가 자유롭게 종교를 믿을 수 있게 되었다.

A date to remember 기억할 연도
스페인 함대 1588년

1550년대의 영국은 종교적으로 소란스러웠다. 에드워드 6세는 신교, 그 뒤를 이은 메리 1세는 구교, 다시 그 뒤를 이은 엘리자베스 1세는 신교를 믿었다. 1588년 스페인의 펠리페 2세가 영국을 가톨릭 국가로 바꾸기 위해 함대를 보냈다. 그러나 스페인 함대는 패배했고 폭풍으로 완전히 파괴되었다.

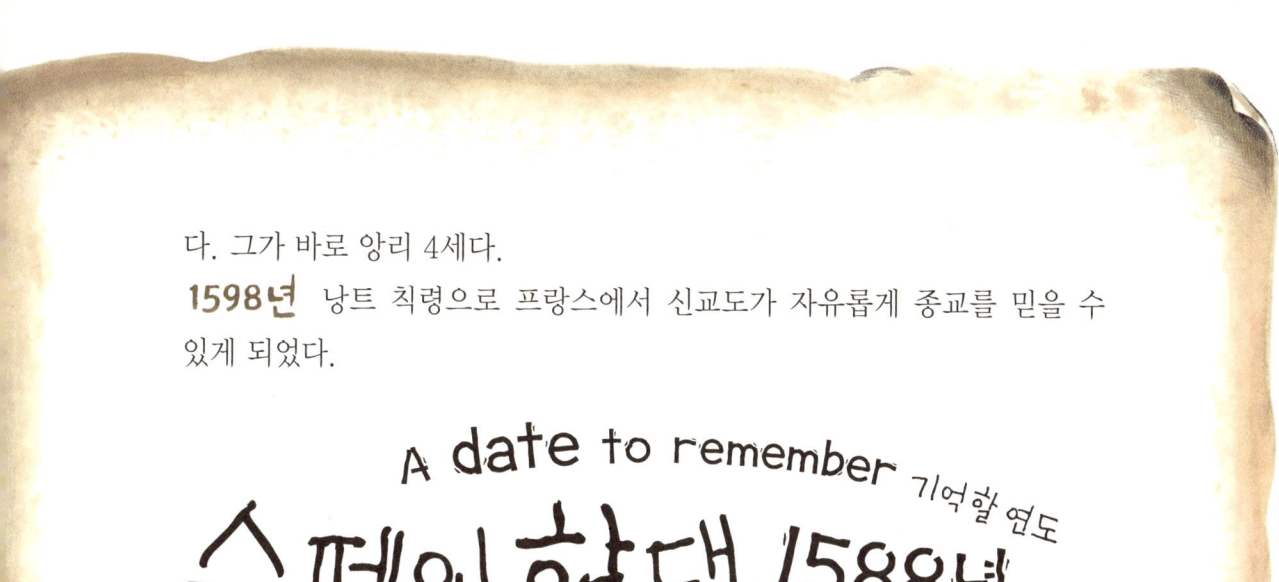

그냥 스페인에 있었어야 했는데!

1520~1600년
중요한 사건

1520년 술레이만 1세가 오스만 제국의 황제가 되었다. 1566년에 죽을 때까지 그는 제국의 황금기를 이끌었다.

1521년 스페인의 탐험가인 에르난 코르테스가 유럽 사람으로는 최초로 아스텍 사람들을 만났다.

1525년경 바부르가 인도를 정복하고 무굴 제국을 세웠다. 무굴 제국은 부유했고 예술과 학문을 장려했다.

1558년 엘리자베스 1세가 왕이 되었다. 헨리 8세와 앤 불린의 딸이었던 엘리자베스 여왕은 영국에 온건한 신교를 들여왔다.

1568년 왕위에서 쫓겨난 스코틀랜드의 여왕 메리가 잉글랜드로 탈출했다. 그녀는 엘리자베스 1세에 대한 반역죄로 감옥에 갇혔다가 1587년에 처형되었다.

1571년 기독교도로 이루어진 함대가 그리스 레판토에서 투르크 함대를 무찔렀다. 이 해전은 갤리선(노를 젓는 배)이 사용된 마지막 전투였다.

1572년 프랑스에서는 성 바르톨로메오의 학살로 2만 명의 위그노(프랑스 신교도)가 죽임을 당했다.

1588년 유럽에서 가장 강력한 왕이자 구교도인 스페인의 필리프 2세가 영국을 공격하기 위해 함대를 보냈다.

유명한 사람들

페르디난드 마젤란
(1480~1521)

마젤란은 1519년 스페인에서 서쪽으로 항해를 시작했다. 남아메리카를 돌아 태평양(마젤란이 붙인 이름이다)을 항해한 마젤란은 필리핀에서 살해되었지만 그의 배는 1522년 스페인으로 돌아왔다. 인류 최초의 세계 일주 항해가 성공한 것이었다.

프랜시스 드레이크 경(1540~1596)

잉글랜드의 선원이자 탐험가로, 세계 일주에 성공한 최초의 잉글랜드인이었다(1577~1580). 그는 1588년 스페인 함대를 무찌르는 데도 앞장섰다.

1600~1710년
신세계를 탐험하다

17세기에 루터가 가톨릭 교회에 도전하고, 위대한 항해자들이 수평선 너머로 나갈 수 있었던 힘은 무엇이었을까? 바로 호기심이있다.

바다 여행을 많이 하게 되자 다양한 항해 도구들도 발명되었다. 호기심과 기술의 발전으로 사람들은 세계에 대해 더 많은 관심을 갖게 되었고 그 덕분에 과학이 크게 발전했다.

현재의 네덜란드 북부 지방에는 신교를 믿는 사람들이 살고 있었다. 그들은 1648년 구교를 믿던 스페인 통치자들로부터 독립을 얻었다.

과학자들은 가톨릭 교회가 인체에 대한 연구를 금지하는 것을 따르지 않았다. 잉글랜드의 의사 윌리엄 하비는 피가 몸 안에서 어떻게 움직이는지를 연구하고 그 결과를 1628년에 책으로 펴냈다.

타임 라인

1602년 네덜란드 무역선이 캄보디아에 도착했다.

1605년 잉글랜드의 제임스 1세를 살해하려던 계획이 실패했다. 이 사건은 화약음모 사건이라고 불린다.

1608년 프랑스의 탐험가인 사뮈엘 드 샹플랭이 퀘벡에 요새를 쌓았다.

1626년 네덜란드인들이 카나시족에게서 맨해튼 섬을 사들였다.

1627년 샤자한이 이슬람교를 믿던 무굴 제국의 황제가 되었다.

1666년 대화재로 런던이 크게 파괴되었다.

1680년 포르투갈 사람들이 캘리포니아에 새크라멘토를 세웠다.

1683년 투르크족이 비엔나를 포위했다.
1686년 프랑스가 마다가스카르를 합병했다.
1707년 잉글랜드와 스코틀랜드가 통합되었다.
1709년 아프간 사람들이 페르시아에 맞서 독립국을 세웠다.

A date to remember 기억할 연도 1626년
네덜란드 사람들이 맨해튼을 사들이다

내 이름은 페테르 미노이트요. 60길더를 줄 테니 맨해튼 섬을 파시오.

우리는 유럽 사람들처럼 땅을 사고팔지 않소. 땅을 팔 수 있는 게 아니오.

1600~1710년
중요한 사건

1600년경 아메리카 원주민이 이로쿼이 연맹을 만들었다.

1607년 잉글랜드인들이 제임스타운(오른쪽)을 세웠다.

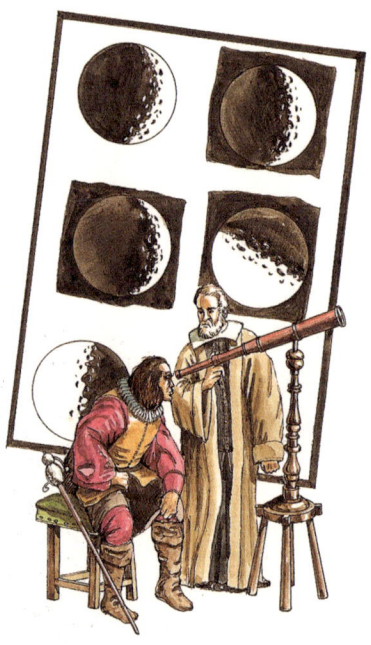

1608년 네덜란드의 렌즈 제작자 한스 리페르세이가 최초로 망원경을 만들었다.

1609년 독일의 천문학자인 요하네스 케플러가 행성이 태양 주위를 어떻게 도는지 설명했다.

1618년 독일에서 30년 전쟁이 시작되었다. 얼마 후 유럽 대부분의 지역이 전쟁에 휩싸였다.

1620년 필그림 파더스가 종교적 박해를 피해 메이플라워 호를 타고 잉글랜드에서 북아메리카로 건너갔다.

1642년 잉글랜드에서는 여러 해 동안 찰스 1세와 국회의 사이가 좋지 않았다. 그러다 내전이 터졌고 찰스 1세는 패하여 체포되었다.

1649년 찰스 1세가 처형되었다.

1649년 찰스 1세를 제거하는 데 앞장선 올리버 크롬웰이 호국경이 되었다. 1658년 크롬웰이 사망하자 아들인 리처드가 그 뒤를 이었지만 1659년에 추방되었다. 1660년 찰스 1세의 장남이 찰스 2세가 되었다.

유명한 사람들

인도의 악바르 대제
(재위 1542~1605)

악바르 대제는 무굴 제국을 더욱 강성하게 했다. 그는 예술과 과학을 장려하고 노예제도를 폐지했다.

러시아 표트르 대제
(재위 1682~1725)

러시아를 현대화시키기 위해 구습을 폐지하는 법을 통과시켰다. 이 법은 수염을 기르는 것도 금지했다.

덴비의 백작
(1582~1643)

다른 유럽 사람들과는 달리 인도에서 인도 옷을 입었다.

1678년 인도에서 잉글랜드의 상인들이 만든 루피화의 앞면과 뒷면

1710~1775년
세금과 보스턴 차 사건

1756~1763년 대부분의 유럽 국가가 7년 전쟁을 치렀다. 전쟁이 끝날 무렵 영국은 캐나다에 있는 프랑스 영토를 차지했고, 인도에서는 프랑스의 힘을 약화시켰으며, 유럽에서 가장 강력한 해군력을 자랑하게 되었다. 그러나 전쟁에는 돈이 많이 들었다. 승리한 쪽도 마찬가지였다. 그래서 영국 의회는 전쟁 비용을 대기 위해 세금을 늘렸고, 북아메리카 식민지 사람들은 자신들을 대표할 의원도 없는데 세금을 내야 하는 것에 분노했다. 그들은 "대표 없이는 세금도 없다"라는 구호를 내걸고 저항했다.

1773년 차에도 세금이 부과되었다. 차를 실은 영국의 배가 보스턴 항구에 들어오자 식민지 사람들은 배에 올라가 차를 바다로 던져버렸다.

타임 라인

1718년 프랑스 사람들이 뉴올리언스를 세웠다.
1720년 중국이 티베트를 정복했다.
1728년 덴마크의 항해자 비투스 베링이 '베링해협'을 발견했다.
1755년 리스본에서 발생한 지진으로 3만 명이 죽었다.
1756년 벵갈의 영주가 146명의 영국인을 작은 감옥에 가뒀고 많은 사람들이 죽었다. 그 감옥은 캘커타의 블랙홀이라 불렸다.
1759년 영국이 프랑스로부터 퀘벡을 빼앗았다.
1767년 미얀마 사람들이 시암(현재의 타이)을 침공했다.
1768년 러시아와 투르크 사이에 전쟁이 벌어졌다.

1770년 영국군과 보스턴 시민과의 다툼의 시작으로 보스턴 학살 사건이 벌어졌다.
1773년 러시아에서 농부들의 반란이 일어났다.
1775년경 마사이족이 세력을 동아프리카로 확대했다.

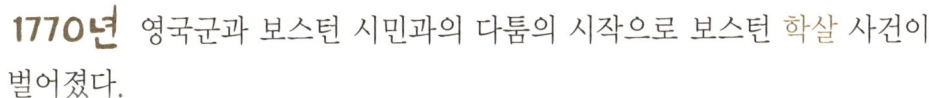

A date to remember 기억할 연도

보스턴 차 사건 1773년

1710~1775년
중요한 사건

1725년 러시아의 위대한 차르였던 표트르 대제가 사망했다. 그는 영토를 확장하고 힘을 키우고 새로운 산업을 도입했다.

1727년 바흐가 〈마태 수난곡〉을 작곡했다. 그러나 바흐가 마태 수난곡을 작곡한 것이 1729년이라고 주장하는 역사가들도 있다.

1734년 독일인 의사 M. 훅스가 소화기를 발명했다.

1715년과 1745년 스코틀랜드의 재커바이트가 잉글랜드의 하노버 왕조에 맞서 반란을 일으켰지만 실패했다.

1740년 프리드리히 대제(오른쪽)가 프로이센의 왕이 되었다. 그는 많은 전쟁을 일으켰고 1786년 사망할 때까지 영토를 두 배로 늘렸다.

1757년 육분의가 발명되어 항해에 큰 도움을 주었다.

1760년경 아프리카에서 잡혀온 노예가 카리브 해와 북아메리카에서 경매로 팔렸다.

1760년 조지 3세가 영국의 왕이 되었다. 그가 다스리는 동안 영국은 미국 독립전쟁에서 패했고, 미국은 1783년에 독립했다.

유명한 사람들

제임스 쿡(1728~1779)

위대한 항해자이자 탐험가인 쿡은 세 번의 위대한 항해를 했다.

첫 번째 항해 1768~1771 : 뉴질랜드와 뉴기니 해안을 해도로 기록하고, 오스트레일리아 동쪽 해안을 탐험한 뒤 그 곳을 영국 땅으로 선포했다.

두 번째 항해 1772~1775 : 남극 주위를 항해했다. 음식과 위생을 철저하게 관리하여 항해 중 단 한 명의 선원만 사망했다.

세 번째 항해 1776~1780 : 아메리카 북부로 가는 항로를 찾으려던 쿡은 하와이에서 살해당했다.

제임스 린드 박사(1716~1794)

해군 병원의 외과의사였던 제임스 린드는 선원들이 앓고 있는 괴혈병이 비타민 C의 부족으로 걸리는 것임을 알아냈다.

1775~1800년
혁명!

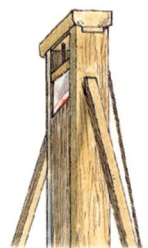

　루이 14세(1643~1715)는 프랑스를 유럽에서 가장 강력하고 가장 부유한 나라로 만들었다. 하지만 이 때 이후로 허약한 왕과 부패한 관리 때문에 국외에서는 식민지를 잃었고 국내에서는 불안이 높아졌다. 1789년 5월, 많은 빚을 진 루이 16세는 삼부회(일종의 국회)를 소집했다. 1614년 이후 처음으로 소집된 것이었다. 삼부회는 성직자, 귀족, 평민을 대표로 구성되어 있었다. 6월, 평민들은 자신들의 국회를 만들기 위해 삼부회에서 나갔다.
　이것이 프랑스 혁명의 시작이었다. 성직자와 귀족에게 무시당하고 차별받던 평민들이 드디어 행동에 나선 것이다.

타임 라인

1780년 페루 인디언들이 스페인에 대항해 반란을 일으켰다.
1780년 런던에서 고든 폭동이 일어났다.
1787년 일본 에도 시대에 기근으로 폭동이 일어났다.
1788년 영국은 최초로 오스트레일리아에 죄수들을 보냈다.
1789년 프랑스 혁명이 시작되었다.
1789년 조지 워싱턴이 미국의 초대 대통령이 되었다.
1791~1792년 중국과 티베트 사이에 전쟁이 벌어졌다.
1792년 덴마크가 최초로 노예무역을 금지했다.
1793~1794년 프랑스에서 공포정치가 실시되었다.
1798년 넬슨이 나일 전투에서 프랑스 해군을 무찔렀다.

A date to remember 기억할 연도 1789년

프랑스 혁명

프랑스 혁명 당시 많은 사람들이 기요틴에서 목이 잘렸다. 기요틴은 프랑스 의사이자 혁명가인 조제프 기요탱의 이름을 딴 것이다. 기요탱이 단두대로 사형을 집행하자고 주장하면서 그의 이름을 붙이게 된 것이다.

> 목을 자르는 저 기구가 바로 기요틴이래. 조제프 기요탱의 이름을 붙였다는데, 그는 기요틴이 사람을 죽이는 가장 빠른 방법이라고 했대.

1775~1800년 중요한 사건

1776년 7월 4일 북아메리카의 식민지 지도자들이 영국으로부터의 독립을 선언했다.

1778년 세 번째 항해를 하던 쿡 선장의 배 (레졸루션호와 디스커버리호)가 캐나다 북서해안에 정박했다. 이 항해는 결국 실패하고 말았다. 쿡 선장은 얼음에 막혀 있어 북아메리카를 돌아가는 항로를 찾지 못했고 결국 하와이에서 살해되었다.

1781년 프랑스와 스페인의 도움으로 북아메리카의 반란군은 요크타운에서 영국을 패배시켰고 영국인들은 항복했다.

1793년 젊은 스코틀랜드 상인인 알렉산더 매켄지가 캐나다 내륙을 탐험했다.

1799년 나폴레옹 보나파르트가 프랑스의 제1통령이 되었다. 프랑스 혁명 이후 정치에 익숙하지 않은 혁명 정부의 지도자들은 서로 다툼을 벌였다. 그 다툼에서 패한 사람은 기요틴에서 처형되기도 했다. 나폴레옹은 혁명 정부에 대항해 쿠데타를 일으켰고 그것이 성공했다.

유명한 사람들

조지 워싱턴
(미국의 초대 대통령, 재임 1789~1797)

뛰어난 작전으로 독립전쟁을 승리로 이끌었다. 그는 미국 헌법제정회의의 의장이었고 두 번에 걸쳐 대통령으로 선출되었다.

마리 앙투아네트 (1755~1793)

1770년 루이 16세와 결혼하여 프랑스의 왕비가 되었다. 낭비가 심하고 인기가 없었던 그녀는 1793년 처형되었다.

프랑스의 루이 16세
(재위 1774~1792)

프랑스 혁명을 막기 위해 몇 가지 개혁정책을 실시했지만 효과가 없었다. 그와 그의 가족은 1791년 프랑스를 빠져나가려 했으나 체포되어 감옥에 갇혔고 그는 1792년 기요틴에서 처형되었다.

1800~1850년
세계를 바꾼 전쟁

루이 14세 때(1643~1715) 그랬던 것처럼 나폴레옹이 다스리는 프랑스가 다시 유럽을 지배하게 되었다. 똑똑한 장군이자 통치자였던 나폴레옹은, 1807년경 북쪽의 엘베강에서 남쪽의 나폴리에 이르는 제국을 건설했다. 그는 자신의 형을 나폴리 국왕으로 앉히고 스페인과 포르투갈을 공격했다. 그가 계속 승리하자 영국, 스웨덴, 러시아 등 아직 그의 공격을 받지 않은 나라들이 힘을 합했다. 혁명적인 투쟁이 유럽에만 있었던 것은 아니었다. 남아메리카에 있는 스페인과 포르투갈 식민지도 독립을 선언했다. 그리고 1835년에는 보어인들도 영국의 지배를 벗어나기 위해 대이동을 시작했다.

타임 라인

1801년 러시아가 그루지야를 합병했다.
1802년 시암(타이)이 캄보디아를 합병했다.
1804년 세르비아인들이 투르크에 맞서 반란을 일으켰다.
1808년 미국으로의 노예 수입이 금지되었다.
1816년 아르헨티나가 스페인으로부터 독립했다.
1818년 칠레가 스페인으로부터 독립했다.
1821년 오스만 제국의 지배를 받던 그리스인들이 독립운동을 시작했다.
1824년 멕시코가 독립 공화국이 되었다.
1825년 자바에서 인도네시아 사람들이 네덜란드에 맞서 폭동을 일으켰다.
1847년 미국이 해방 노예들을 위해 세운 라이베리아가 독립했다.

1848년 카를 마르크스와 프리드리히 엥겔스가 《공산당선언》을 출판했다.

A date to remember 기억할 연도

1815년 워털루에서 패배한 나폴레옹

1800~1850년
중요한 사건

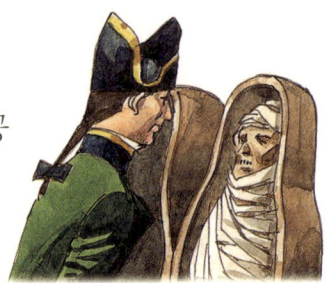

1800년경 1798년 나폴레옹이 이집트를 침공하자 이집트의 고대 역사에 대한 유럽 사람들의 관심이 높아졌다.

1805년 10월 21일 스페인 남쪽 끝의 트라팔가르 해전에서 프랑스와 스페인 연합 해군이 넬슨이 이끄는 영국 해군 함대에 패했다.

1812년 나폴레옹이 러시아를 침공하자 러시아 사람들은 모든 것을 파괴하고 피난했다. 추위와 굶주림에 지친 나폴레옹 군대는 러시아에서 철수해야 했다.

1815년 워털루에서 패배한 나폴레옹은 체포되어 남대서양의 작은 섬인 세인트헬레나로 유배되었다. 그는 그 곳에서 1821년에 사망했다.

1819년 영국에서 피털루의 학살이 일어났다. 맨체스터에서 평화적으로 시위를 벌이던 군중에게 의용 기병대가 발포한 민중운동 탄압사건으로, 11명이 사망하고 수백 명이 다쳤다.

1837년 빅토리아가 영국의 여왕이 되었다. 유럽에서 많은 혁명이 일어났지만 빅토리아 여왕은 1901년에 사망할 때까지 왕권을 지켰다. '군림하되 통치하지 않는다'는 전통을 만들었다.

1848년 유럽에서는 혁명의 해로 기억되고 있는 해로, 북쪽의 폴란드에서부터 남쪽의 시칠리아까지 혁명에 휩싸였다. 그러나 혁명이 성공한 곳은 프랑스뿐이었다.

유명한 사람들

웰링턴 공작(1769~1852)
워털루 전투에서 승리했고 영국의 총리를 두 번 지냈다.

조지 4세(재위 1820~1830)
영국 하노버 왕조의 4대 왕으로, 1810년 아버지인 조지 3세가 정신병을 앓자 섭정을 맡게 되면서 실질적인 왕이 되었다.

윌리엄 4세(재위 1830~1837)
조지 4세의 동생으로, 영국 해군에서 복무했던 경력으로 '해군 왕'이라고 불렸다.
우유부단한 정치와 선거법 개정 문제로 큰 비난을 받았다. 왕위를 물려 줄 자식이 없어서 조카인 빅토리아에게 왕위를 물려주었다.

1850~1900년
대륙을 횡단하다

1860년 수천 명의 노동자들이 일자리를 찾아 미국으로 모여들었다. 유니언 퍼시픽 철도 회사가 대륙 횡단 철도를 건설하고 있었기 때문이었다.

미국으로 온 노동자들 중 많은 수가 아일랜드에서 온 사람들이었고 멀리 중국에서 온 사람도 있었다. 불결하고 열악한 환경에서 생활해야 했던 노동자들은 천연두 같은 질병에 쉽게 노출되어 있었다.

미국의 3분의 2를 가로지르게 될 이 철도는 길이가 무려 2,776킬로미터에 이르렀다. 철도를 건설하기 위해서는 길이 9미터, 무게 255킬로그램이나 되는 레일을 남자 네 명이 달라붙어 날라야 했다. 그렇게 오랜 고생 끝에 1869년 5월 10일, 유니언 퍼시픽 철도가 완공되었다.

타임 라인

1853년 미국은 일본에 전함을 보내 강제로 외국과 무역을 하게 했다.
1855년 탐험가 리빙스턴이 아프리카에서 빅토리아 폭포를 발견했다.
1857년 인도인 병사 세포이가 영국에 맞서 폭동을 일으켰다.
1859년 미국 펜실베이니아 주에서 석유가 발견되었다.
1860년 로버트 버크와 윌리엄 윌스가 오스트레일리아 횡단에 나섰다.
1865년 프러시아의 빌헬름 1세가 통일 독일의 카이저(황제)가 되었다.
1874년 영국의 탐험가 헨리 스탠리가 콩고를 탐험했다.
1884년 프랑스가 캄보디아를 합병했다.
1893년 뉴질랜드가 세계 최초로 여성에게 선거권을 주었다.

A date to remember 기억할 연도
1869년 동부와 서부가 만나다

유니언 퍼시픽 철도는 네브래스카에서 서쪽으로 놓였다. 한편 센트럴 퍼시픽 철도는 캘리포니아에서 동쪽으로 놓였다. 두 철도는 유타 주의 프로몬토리에서 만났다. 이로써 기차를 타고 미국을 횡단하는 것이 가능해진 것이다.

1850~1900년
중요한 사건

1850년대 탐험가들, 농부들, 광부들이 부자가 되기 위해 서부로 갔다.

1861년 에이브러햄 링컨이 미국의 16대 대통령이 되었다. 링컨 대통령은 노예 제도를 없애고 싶어 했지만 남부의 주들이 반대했다. 결국 북부 주와 남부 주 사이에 전쟁이 벌어졌고 북부가 승리했다.

1866년 스코틀랜드의 선교사이자 탐험가인 데이비드 리빙스턴이 세 번째로 아프리카에 갔다. 그는 나일 강이 시작되는 곳을 찾으려 했다.

1876년 영국을 자본주의의 선진국으로 이끌었던 빅토리아 여왕(왼쪽에 앉아 있는 사람)이 인도의 황제가 되었다.

1879년 남아프리카의 줄루 왕국이 영국 식민세력에 반항하면서 전쟁이 일어났다.

1880년 영국인과 보어인 사이에 전쟁이 시작되었다.

1882년 제네바에서 아기를 낳은 산모를 대상으로 한 수혈이 최초로 성공했다.

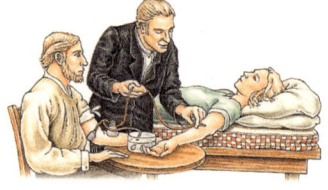

1890년 인디언 추장인 빅풋이 운디드니 전투에서 전사했다.

1894년 인도 봄베이 출생의 소설가 러디어드 키플링이 《정글북》을 썼다.

1895년 파리에서 뤼미에르 형제가 세계 최초로 영화를 상영했다. 관객은 단 35명뿐이었다.

1896년 현대 올림픽이 고대 올림픽이 시작된 아테네에서 열렸다.

유명한 사람들

프랑스의 루이 필리프 왕(재위 1830~1848)

루이 필리프는 프랑스 혁명 당시에 백성들의 편을 들었다. 그는 훗날 왕이 되었지만 1848년 왕위에서 쫓겨났고 1850년 영국에서 사망했다.

독일의 빌헬름 황제(재위 1888~1918)

공격적인 외교정책으로 제1차 세계대전의 원인을 제공했다. 1918년 독일이 패하자 미국은 빌헬름 황제가 물러나지 않으면 평화회담을 하지 않겠다고 했다.

벤저민 디즈레일리(1804~1881)

빅토리아 여왕 시대의 대표적인 정치가이자 소설가였던 디즈레일리는, 1868년과 1874~1880년에 두 번의 수상을 지냈다.

카를 마르크스(1818~1883)

독일의 경제학자이자 정치학자인 마르크스는 엥겔스와 함께 《공산당선언》을 발표하고 공산당 정부를 갖춘 새로운 국가를 세우자고 주장했다.

1900~1913년
빙산이다!

20세기가 시작될 무렵 지구 표면의 거의 대부분은 탐험이 끝난 상태였다. 당시 정복되지 않은 유일한 지역은 극지방에 불과했다. 그러다보니 북극과 남극을 누가 최초로 정복하느냐는 국가와 개인의 자존심이 걸린 문제가 되기도 했다. 그러나 당시는 과학기술이 뒷받침되지 않았기 때문에 극지방과 깊은 바다뿐 아니라 하늘에 이르기까지 인간에게 정복되지 않은 곳은 얼마든지 있었다. 한편 미국에서는 라이트 형제가 하늘을 날기 위해 애쓰고 있었다. 1903년 12월 17일, 드디어 최초의 동력비행기인 플라이어호가 36미터를 날았다. 플라이어호가 하늘에 머문 시간은 12초에 불과했지만 마침내 라이트 형제의 꿈이 실현된 것이었다.

타임 라인

1900년 중국에서 외국의 침략에 맞서 의화단 운동이 벌어졌다. 하지만 다른 나라 군대에 의해 진압되고 말았다.

1901년 18세의 나이로 왕위에 올랐던 빅토리아 여왕이 세상을 떠났다.

1901년 영국의 식민지 하에 있던 오스트레일리아가 연방국을 세웠다.

1905년 스웨덴의 지배를 받던 노르웨이가 일방적으로 독립을 선언했다.

1905년 상트페테르부르크에서 반란이 벌어졌지만 진압되었다.

1905년 일본이 쓰시마에서 러시아 함대를 물리쳤다.

1909년 오스만 제국의 술탄이 민족주의자들에게 쫓겨났다.

1910년 포르투갈의 왕이 쫓겨나고 공화제가 성립되었다.

1911년 중국의 민주주의 혁명인 신해혁명이 시작되었다.
1912년 북아프리카에 있는 리비아가 이탈리아의 지배를 받기 시작했다.
1912년 헨리 포드가 자동차를 대량으로 생산하기 시작했다.

A date to remember 기억할 연도 1912년
침몰한 타이타닉호

타이타닉호는 1912년 영국에서 건조한 대형 호화여객선이다. 그러나 첫 번째 항해에서 2천여 명의 승객과 승무원을 태우고 영국에서 뉴욕을 향해 항해하던 중 빙산에 부딪혀 침몰하고 말았다. 이 사고로 1,500여 명의 희생자를 냈다.

1900~1913년
중요한 사건

1903년 오빌과 윌버 라이트 형제의 플라이어호가 하늘을 날았다. 플라이어호의 첫 비행은 단 12초에 불과했다.

1906년 영국의 가장 큰 전함인 HMS 드레드노트에 직경 30.4센티미터의 대포가 설치되었다. 그 전함에 달린 다섯 개의 연장포는 모든 방향으로 대포를 발사할 수 있었다.

1911년 노르웨이의 극지탐험가 로알 아문센이 영국의 해군 대령인 로버트 스콧보다 한 달 먼저 남극에 도착했다. 아문센과 그의 동료들은 추위와 싸우기 위해 이누잇족처럼 옷을 입었다.

1912~1913년 발칸에서 민족주의가 커지면서 두 번의 전쟁이 일어났다. 이 와중에 오스트리아의 왕위 계승자인 프란츠 페르디난드 대공이 1914년 사라예보를 방문했다가 살해되고 말았다. 그의 죽음은 제1차 세계대전의 도화선이 되었다.

유명한 사람들

로버트 스콧 선장(1869~1912)

탐험대를 이끌고 남극 대륙으로 향한 스콧은 최초로 남극을 정복하기를 바랐다. 그러나 그의 바람과는 달리 최초의 자리는 로알 아문센에게 내주어야만 했다. 그 후에 제2차 남극탐험에 나섰던 그와 그의 탐험대는 남극점에 거의 도달했을 때 악천후를 맞아 탈진과 추위를 이기지 못하고 죽고 말았다.

어니스트 섀클턴(1874~1922)

섀클턴은 당시 인류가 도달할 수 있었던 최남단까지 도달했던 남극 탐험가였다.

1914년, 다시 한 번 탐험대를 이끌고 남극으로 갔던 섀클턴 일행의 배가 빙하에 부딪혀 난파되고 말았다. 다행히 섀클턴의 영웅적인 인내심으로 무사히 남극을 빠져나올 수 있었다. 그 후로도 그는 여러 번의 탐험에 참가했다.

로버트 피어리(1856~1920)

미국의 탐험가이자 해군 장교인 피어리는 그린란드를 탐험한 후에, 북극을 탐험하고, 북극점에 도달했다. 피어리는 여덟 번 만에 다섯 명의 동료와 함께 북극을 정복했지만 사람들은 그가 북극을 정복했다는 것을 믿지 않았다. 북극의 얼음 위를 하루에 61킬로미터씩 걸어서 이동한다는 것이 당시로써는 불가능했기 때문이었다.

1914~1927년
전쟁 그리고 평화?

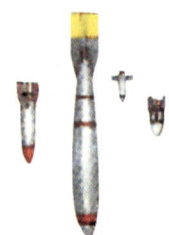

1914년 오스트리아의 왕위 계승자가 암살당하자 유럽에서 전쟁이 시작되었다. 점점 힘을 키우던 독일이 몇 개의 국가로 구성된 오스트리아-헝가리 제국과 동맹을 맺었다. 이들에 맞서 프랑스, 러시아, 영국이 연합을 맺었다.

전쟁의 시작은 유럽 국가에서였지만 참전국 대부분이 세계 여러 나라에 식민지를 가지고 있었기 때문에 전쟁은 전 세계에서 벌어졌다. 1914년 9월 영국의 한 정치인이 전쟁은 크리스마스 전에는 끝날 것이라고 자신했었다. 하지만 전쟁은 4년이 훨씬 지난 1918년 11월에 종전되었다.

엄청난 수의 사상자를 내고 독일의 항복으로 끝난 이 전쟁이 바로 제1차 세계대전이다.

타임 라인

1914년 7월 28일, 오스트리아가 세르비아에 전쟁을 선포했다.
1917년 3월, 러시아의 니콜라이 2세가 왕위에서 물러났다.
1917년 미국이 제1차 세계대전에 참전하여 영국과 연합군을 도왔다.
1918년 스페인에 독감이 유행해 수백만 명이 죽었다.
1919년 베르사유 평화조약이 체결되었다. 독일에 너무나 불리한 조약이었기 때문에 20년 안에 다시 전쟁이 발발했다.
1919년 세계평화를 지키기 위해 국제연맹이 설립되었다.
1920년 미국이 국제연맹에 가입하지 않겠다고 선언했다.

1921년 마오쩌둥과 리다자오가 중국 공산당을 창당했다.
1922년 아타튀르크가 터키의 대통령이 되었다.
1927년 캔버라가 오스트레일리아의 수도가 되었다.

1914~1927년
중요한 사건

1914년 프란츠 페르디난트 대공와 대공 부인이 사라예보를 방문했을 때 운전기사가 그만 길을 잘못 들고 말았다. 덕분에 암살범인 가브릴로 프린시페가 대공 부부를 암살할 두 번째 기회를 잡았다. 그리고 그의 두 번째 암살 시도는 성공했다.

1915년 벨기에와 프랑스 북부의 서부전선에서 동맹군과 연합군은 참호를 파고 서로의 땅을 몇 미터라도 더 빼앗으려고 치열하게 싸웠다.

1917년 러시아의 차르가 쫓겨나고 민주정부가 들어섰으나 곧 무너졌다.

1918년 제1차 세계대전은 11월에 끝났다. 연합군과 동맹군의 군인 수천 명이 참호 사이의 '무인지대'를 건너려다 진흙에 빠져 죽었다. 또 다른 군인들은 무시무시한 가시철조망을 넘으려다가 죽었다.

1918년 영국 여성들이 선거권을 얻기 위해 여러 해 동안 투쟁한 끝에, 마침내 30세가 넘은 여성에게 선거권이 주어졌다.

1919년 4년간 지속되었던 제1차 세계대전이 종결되었다. 독일은 연합군과 평화유지를 목적으로 한 베르사유 조약을 맺었다. 이 때 독일은 영토를 포기하고 많은 배상금을 내야 했다.

1921년 아일랜드 사람들이 700년간 이어왔던 영국의 지배에 저항하기 시작했다. 결국 영국의 수상 데이비드 로이드 조지는 아일랜드 공화국의 독립을 인정했다.

유명한 사람들

차르 니콜라이 2세 (1918년 살해)

러시아의 절대적인 군주였던 차르 니콜라이 2세는 개혁을 억압하고 소수민족을 탄압했다. 이에 불만을 품어 왔던 시민들이 봉기를 일으켜 왕정은 붕괴되었고, 1918년 니콜라이 2세는 가족과 함께 처형되었다.

블라디미르 일리치 레닌 (1870~1924)

러시아에서 마르크스주의를 발전시킨 혁명이론가 레닌은, 1918년 공산정권의 지도자가 되었다.

요제프 스탈린 (1879~1953)

1927년경 스탈린은 레닌으로부터 권력을 넘겨받았다. 그의 정책으로 수백만 명의 러시아인들이 죽었다.

1928~1940년
우리 시대의 평화?

제1차 세계대전의 여파는 한참 동안 지속되었는데, 그 첫 번째로 전쟁에 참여했던 국가들은 상당히 많은 대가를 치러야 했다.

둘째, 세계적으로 천연자원과 농산품의 값이 폭락하면서 독일, 오스트레일리아 같은 국가들이 심한 타격을 받았고 빈곤과 실업으로 고통받았다.

셋째, 미국의 경제가 악화되면서 미국으로 상품을 수출하던 나라 역시 어려움을 겪게 되었다.

1929년 10월 미국의 증권시장이 붕괴하면서 사상 최대의 대공황이 시작되었다. 이는 제1차 세계대전이 종식된 후 표면적으로는 경제적 번영을 누리고 있는 것처럼 보였던 미국이 과잉생산과 실업자의 증가 등으로 물가가 폭락하고 생산이 축소되면서 경제활동이 마비되었기 때문이었다.

이로써 도산하는 기업이 속출하면서 실직자는 점점 늘어났고 일자리가 있는 사람들마저도 낮은 임금으로 힘겨운 생활을 해야 했다. 이런 악순환이 계속되면서 다른 자본주의 국가들까지 이 여파에 말려들게 되면서 여러 나라가 정치적 불안에 시달리게 되었다.

타임 라인

1928년 장제스가 중국의 주석이 되었다.
1929년 인도에서 간디가 독립 운동을 시작했다.
1932년 히틀러의 나치스 당이 선거에서 큰 승리를 거두었다.
1934년 마오쩌둥이 이끄는 중국 공산당들이 대장정을 시작했다.

1935년 이탈리아가 독가스를 사용하여 에티오피아를 침공했다.
1936년 스페인 내전이 시작되어 1939년에 끝이 났다.
1936년 영국의 에드워드 8세가 왕위에서 물러났다.
1937년 일본이 중국을 공격하면서 전쟁이 시작되었다.
1938년 칠레와 브라질에서 나치스의 음모가 실패했다.
1938년 영국의 네빌 체임벌린 총리는 히틀러에게 '우리 시대의 평화'를 지키기 위한 협정을 맺자고 제안했지만 1939년 전쟁이 선포되었다.

A date to remember 기억할 연도 **1939년**

전쟁 선포

1928~1940년 중요한 사건

1928년 스탈린이 국가에서 농업을 통제하도록 하자 농민들이 저항하고 나섰다. 하지만 농민들의 저항은 실패했고 수백만 명이 기아로 목숨을 잃었다.

1929년 미국 시카고 조직범죄단의 두목 알 카포네가 2월 14일 밸런타인데이에 7명을 살해했다.

1932년 미국을 떠들썩하게 했던 남녀 은행 강도 보니 파커와 클라이드 배로가 1934년에 사살되었다.

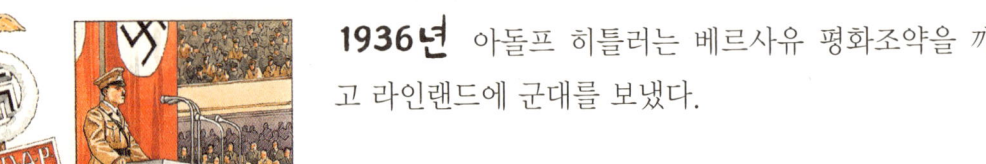

1936년 이탈리아의 파시스트인 베니토 무솔리니는 공화주의자와 내전을 벌이는 스페인의 프랑코 장군(파시스트)을 지원했다.

1936년 아돌프 히틀러는 베르사유 평화조약을 깨고 라인랜드에 군대를 보냈다.

1939년 1930년대에 히틀러는 독일의 힘을 키웠다. 그리고 1939년 9월 1일, 그는 폴란드를 침공했다. 이틀 후 영국과 프랑스가 독일에 대한 전쟁을 선포했고 제2차 세계대전이 시작되었다.

1940년 영국과 독일의 공군간의 전투에서 영국이 승리했다. 그러나 두 나라 모두 많은 수의 비행기와 조종사를 잃었다.

유명한 사람들

프란시스코 프랑코(재임 1939~1975)
스페인 내전 당시 민족주의자들을 이끌었다. 공화주의자들에게 승리한 후 1939년부터 독재자가 되었다.

아돌프 히틀러(재임 1933~1945)
카리스마 넘치는 지도자였지만 형편없는 전략가였다. 전쟁에서 패하고 자살했다.

윈스턴 처칠(1874~1965)
영국의 수상으로 1945년 독일의 항복 사실을 전 세계에 알렸다.

프랭클린 D. 루스벨트(1882~1945)
미국의 32대 대통령(1933~1945)으로 1933년 경제공황을 극복하기 위해 뉴딜정책을 실시했다. 1941년 일본이 진주만을 습격하자 전쟁에 참전했다. 그는 전쟁이 끝나기 3주 전에 사망했다.

1940~1955년
제2차 세계대전

독일은 군인을 늘리고 군수공장을 짓는 등 몇 년 동안 전쟁 준비를 했다. 전쟁이 시작되고 처음 3년 동안은 이런 준비가 헛되지 않은 것 같았다. 독일 진영이 우세했기 때문이다. 전쟁 준비가 되어 있지 않았던 영국군은 1940년 뎅케르크에서 철수했다. 그러나 이후 아주 천천히 상황이 바뀌었다.

러시아와 불가침조약을 맺었던 히틀러가 조약을 어기고 1941년 러시아를 침공했다. 게다가 독일의 동맹국이던 일본이 1941년 12월 미국의 진주만을 공격하면서 미국도 전쟁에 참전하게 되었다.

타임 라인

1942년 영국과 연합군은 북아프리카 알라메인에서 독일군을 무찔렀다.

1943년 러시아인들이 스탈린그라드에서 독일군을 무찔렀다.

1945년 루스벨트가 죽고 해리 트루먼이 미국 대통령이 되었다.

1947년 독립한 인도가 힌두교를 믿는 인도와 이슬람교를 믿는 파키스탄으로 분리되었다.

1949년 시암이 타이로 이름을 바꿨다.

1952년 이집트의 파루크 왕이 왕위에서 물러났다.

1953년 뉴질랜드의 등산가이자 탐험가인 에드먼드 힐러리와 셰르파 텐징이 에베레스트 산을 오르는 데 성공했다.

1954년 프랑스 식민 세력을 몰아내기 위한 베트남 전쟁이 일어났다.

1955년 아르헨티나의 페론 대통령이 쫓겨났다.

A date to remember 기억할 연도 1945년
히로시마 원폭투하

전쟁이 더욱 격화되자 미국과 연합군은 일본에 무조건 항복을 요구했지만 일본은 이에 따르지 않았다. 그러자 미국은 1945년 8월 일본의 히로시마와 나가사키에 원자폭탄을 떨어뜨렸다. 일본은 수만 명이 희생되고 나서야 결국 항복했고 이로써 제2차 세계대전이 끝났다.

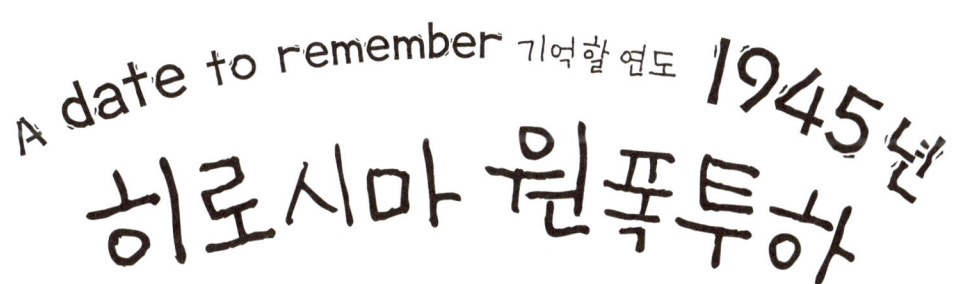

1940~1955년
중요한 사건

1944년 6월 6일, 미국과 영국의 연합군이 독일군을 프랑스에서 몰아내기 위해 노르망디 상륙작전을 감행했다.

1945년 나치스 전범에 대한 재판이 뉘른베르크에서 시작되었다. 죄목에는 유대인을 비롯한 소수민족 학살이 포함되어 있었다.

1945년 트루먼, 스탈린, 영국 총리 클레멘트 애틀리 사이에 평화회담이 열렸다.

1945년 전쟁방지와 평화유지를 위한 국제연합(UN)이 결성되었다.

1948년 냉전이 시작되었다.

1948년 러시아가 서베를린을 공산화된 동독에 편입시키기 위해 봉쇄했다. 생필품은 비행기로 실어 날랐다.

1950~1953년 한국전쟁으로 한국과 북한이 분리되었다.

유명한 사람들

샤를 드골 장군(1890~1970)
프랑스의 군인이자 정치가인 드골은 독일에 맞서 싸웠고 알제리 전쟁을 평화적으로 해결하기 위해 노력했다. 드골은 프랑스를 중심으로 유럽 민족주의를 부흥시키기 위한 활동을 했으며 프랑스의 대통령이 되었다(재임 1959~1969).

마하트마 간디(1869~1948)

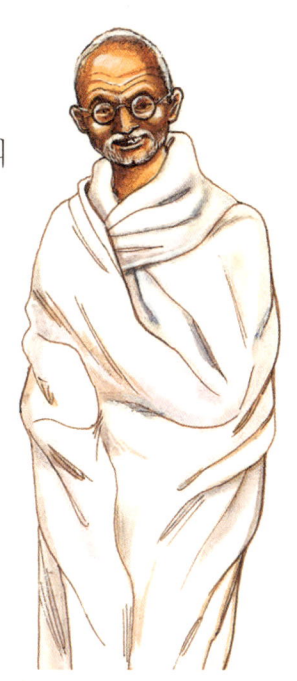

남아프리카의 인종차별에 대한 투쟁으로 유명한 인도의 민족주의자인 간디는 영국으로부터 인도를 독립시키기 위해 비폭력 시민불복종 운동을 펼쳤다.

간디는 영국에 대해 반영·비협력 운동 등의 비폭력 저항을 전개했다. 인도 건국의 아버지이기도 한 간디의 끈질긴 투쟁으로 1947년 인도는 독립했다. 하지만 간디는 1948년 파키스탄 분리를 반대하는 힌두교 광신자에게 피살되었다.

'마하트마'는 위대한 영혼이라는 뜻으로, 간디는 인도민족에게 가장 커다란 영향을 주었던 인물이었다.

에바(에비타) 페론(1919~1952)
아르헨티나 대통령인 후안 페론의 두 번째 아내로, 비공식적인 건강 노동부 장관이었다. 그녀는 사회개혁에 앞장서 가난한 사람들 사이에서 인기가 높았다.

1955~1970년
달을 향한 경주

아주 오랜 옛날부터 인간은 달에 매혹되어왔다. 많은 신화, 전설, 종교에 나타난 달의 모습을 보면 그 사실을 알 수 있다. 사람들은 달을 여행하고 싶어 했지만 20세기 후반에야 그 꿈은 현실이 되었다. 냉전이 없었다면 그 때도 불가능했을 것이다.

제2차 세계대전 후 미국과 소련이라는 두 초강대국이 세계를 지배하기 시작했다. 두 국가는 완전히 반대되는 정치제도를 갖추고 있었다. 자본주의와 민주주의를 대표하는 미국과, 전체주의와 공산주의를 대표하는 소련, 두 국가는 직접 전쟁을 벌인 적은 없지만 각자의 정치제도가 좋다는 것을 증명하기 위해 애썼다. 그런 경쟁은 우주로까지 이어졌다.

타임 라인

1956년 이집트의 나세르 대통령이 수에즈 운하를 국유화했다.

1956년 폴란드와 헝가리에서 공산 체제를 반대하는 자유화 운동이 일어났지만 소련군에 의해 강제 진압되었다.

1957년 러시아에서 발사한 세계 최초의 인공위성 스푸트니크 1호가 지구 궤도에 진입했다.

1958년 텍사스 인스트루먼츠 회사가 실리콘칩의 특허를 땄다.

1960년 남아프리카 공화국에서 샤프빌 학살사건이 발생했다. 이는 패스 법 철폐를 외치는 흑인들에게 무장 군인들이 총격을 가해 흑인 67명이 사망한 사건이었다.

1960년 중국과 인도 사이에 국경 분쟁이 벌어졌다.
1961년 제2차 세계대전이 끝난 후 미국을 포함한 4개국이 독일을 분할 점령하기로 합의했다. 동독은 서독으로 넘어가는 사람들이 날로 늘어나자 이를 막기 위해 베를린 장벽을 세웠다.
1968년 체코슬로바키아에서 민주화를 열망하는 시민운동인 '프라하의 봄'이 전개되었으나, 불법 침략한 소련군에 의해 일시에 저지되었다.
1969년 미국의 우주비행사 닐 암스트롱이 최초로 달 위를 걸었다.

A date to remember 기억할 연도 **1969년**

인간이 달 위를 걷다

오늘날의 우주여행이 가능해진 것은 제2차 세계대전 중 독일의 과학자들이 개발한 로켓 기술 덕분이었다. 그 전까지 우주선이 지구의 중력장을 통과할 수 있을 만큼 충분한 에너지를 만들어낼 수 없었다. 그러나 우주 경쟁에는 아주 많은 돈이 들어갔다.

1955~1970년 중요한 사건

1956년 로큰롤의 제왕이라 불리는 엘비스 프레슬리의 〈블루 스웨이드 슈즈〉가 대중의 인기를 얻었다.

1961년 소련의 우주비행사 유리 가가린이 우주비행을 한 최초의 지구인이 되었다.

1962년 세계 최고의 인기를 누렸던 비틀스의 첫 싱글인 〈러브 미 두〉가 발매되었다.

1965년 미국의 우주비행사 에드워드 화이트가 최초의 우주 유영에 성공했다.

1966년 중국에서 문화대혁명이 시작되었다. 10년간의 공포정치로 수천 명이 죽었다.

1967년 독립을 염원하는 이보족과 나이지리아 정부 간의 대립으로 나이지리아 내전이 발생했다. 1970년 나이지리아 정부는 독립을 선언한 비아프라 주를 되찾았다.

1967년 이스라엘과 아랍연합국 사이에 6일 전쟁이 벌어졌다.

1968년 북아일랜드에서 폭동으로 인한 잔학행위가 벌어졌다.

1968년 미국은 베트남 전쟁에 50만 명의 군인을 보냈으나 결국 전쟁에서 패하고 말았다.

유명한 사람들

피델 카스트로(1927~)
쿠바의 대통령이자 국가 평의회 의장으로, 1961년 소련의 핵미사일 반입을 허락했다.

존 F 케네디(1917~1963)
1961년에 케네디 대통령은 1970년까지 달에 인간을 착륙시킬 것이라고 말했다. 이후 소련이 쿠바에 미사일을 설치하려 하자 이에 맞섰다.

마틴 루터 킹(1929~1968)
미국의 목사이자 흑인해방 운동가로, 비폭력 저항과 인종차별 철폐 및 식민지 해방 운동의 지도자로 활약했으나 1968년 암살당했다.

니키타 흐루시초프(1894~1971)
스탈린 사망 후에 제1공산당 서기가 되어 스탈린의 정책을 백지화했다. 쿠바 미사일 위기 때 쿠바에서 미사일을 철수시킴으로써 미국과의 전쟁을 피했다.

1970~1980년
변화하는 정권

1970년대를 보면 알 수 있듯이 큰 전쟁이 없다고 세상이 평화로운 것은 아니었다. 세계 도처에서 국가들은 더 많은 영토를 차지하거나(이란-이라크 전쟁), 정권을 바꾸기 위해(소련의 아프가니스탄 침공) 싸웠다.

하지만 평화롭게 정권이 바뀐 경우도 있었다. 미국의 닉슨 대통령은 추문 때문에 물러났다. 스페인에서는 독재자 프랑코가 죽자 그의 뒤를 이은 후안 카를로스가 민주주의를 회복시켰다(1977).

1970년대의 대중음악은 불안한 시대를 반영하기도 했다. 꾸준한 인기를 누려왔던 비틀스의 뒤를 이어 롤링 스톤스나 무질서한 펑크 음악과 지미 헨드릭스의 노래가 인기를 얻기 시작했다.

타임 라인

1970년 공산주의 혁명 단체인 크메르 정권이 캄보디아에 들어섰다.
1970년 이스라엘과 이집트가 시나이 반도를 두고 싸웠다.
1971년 파키스탄이 인도를 공격했으나 패했다.
1973년 미국이 사회주의자인 칠레의 아옌데 대통령을 몰아내기 위해 쿠데타 세력을 지원했다. 그는 쿠데타 군부에 의해 사살되었다.
1973년 이스라엘과 이집트 사이에 욤 키푸르 전쟁이 터졌다.
1973년 미군이 베트남에서 철수했다.
1974년 포르투갈에서 혁명이 일어났다.
1974년 에티오피아의 하일레 셀라시에 황제가 독재에 반대하는 공산주의자들에 의해 폐위되었다.
1979년 좌익인 산디니스타가 니카라과에서 쿠데타로 권력을 잡았다.
1980년 영국으로부터 독립한 로디지아가 짐바브웨로 이름을 바꿨다.
1980년 1945년부터 유고슬라비아의 대통령이었던 티토가 사망했다.

A date to remember 기억할 연도

최초의 초음속 여객기 콩코드 1976년

1970~1980년
중요한 사건

1973년 중동의 석유 생산국이 생산량을 줄이면서 전 세계 경제가 위기를 겪었다.

1974년 민주당 전국위원회 본부에 침입해 불법 도청한 워터게이트 사건으로 닉슨 대통령이 사임했다.

1976년 캄보디아의 공산당 지도자인 폴 포트가 야만적인 통치를 시작했다. 캄보디아 대량학살의 주역인 폴 포트는 아시아 최악의 지도자로 꼽히기도 했다.

1979년 이라크의 사담 후세인이 대통령, 총리, 원수 자리에 올랐다.

1979년 이란에서는 호메이니(오른쪽)가 이란의 국왕을 몰아내고 이슬람 공화국을 선포했다. 1980년 이란과 이라크가 치열한 전쟁을 벌였고 이 전쟁은 1988년에 끝났다.

1979년 아프가니스탄에서 내전이 일어났다. 소련은 정부를 지원하기 위해 군대를 파견했고 소련군에 대한 게릴라전이 벌어졌다.

1980년 폴란드에서 레흐 바웬사가 이끄는 자유노조인 '연대'가 사람들의 호응을 받으면서 조선소의 불안이 고조되었다. 공산정권은 '연대'를 금지했다.

유명한 사람들

지미 헨드릭스(1942~1970)

1960년대 미국 최고의 일렉트로닉 기타리스트로, '지미 헨드릭스 익스피리언스'라는 3인조 록그룹을 결성해 활동했다. 흑인 특유의 감성을 기반으로, 기타 연주 역사에 길이 남을 걸작 앨범을 잇달아 발표하면서 그 음악성을 인정받았고 대중들에게도 폭발적인 인기를 얻었다. 그러나 그는 약물 과다 복용으로 인한 합병증으로 28세의 젊은 나이에 사망했다.

믹 재거(1943~)

영국의 록 가수이자 작곡가로, 1962년경 기타리스트인 키스 리처즈와 '롤링 스톤스'를 결성했다.

조니 로튼(1956~)

영국의 인기 있는 펑크록 밴드 '섹스 피스톨즈'의 리드싱어로, 1975년 런던에서 결성되었다. 펑크는 특히 무질서한 음악으로 저항 음악이었으며, 그들이 했던 뾰족하게 세운 머리 스타일과 옷핀은 펑크의 상징이 되기도 했다. 3년에 불과한 활동 기간 동안 그들은 '영국 펑크 운동의 시초가 되었다'라는 평가를 받았다.

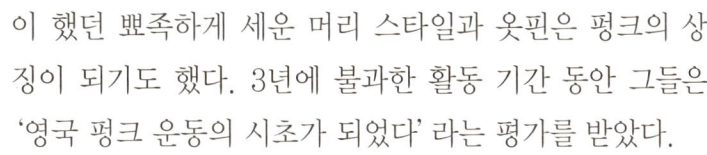

1980~1995년
공산주의의 종말

과거를 돌아보면 시기마다 위대한 변화를 거듭해 왔다. 그러나 도로가 건설되기 전인 기원전과 같이 사람들은 여전히 똑같은 길을 걸어다니고 있으며, 때로는 전쟁과 혁명이 한 나라를 휩쓸고 지나갔어도 사람들은 변화 없는 삶을 살고 있다. 그러나 교통과 통신이 급속도로 발달하면서 모든 것이 달라졌다. 1981년부터 1993년까지 공산국가에 살았던 사람들은 라디오와 텔레비전을 통해 새로운 사실을 알게 되었다. 그것은 자신들의 삶이 이웃인 자본국가의 삶과 다르다는 것이었다.

타임 라인

1983년 아르헨티나에 민주주의가 회복되었다.

1984년 수단, 에티오피아, 차드에서 오랜 가뭄으로 수천 명이 굶어죽었다.

1984년 영국과 중국이 홍콩 반환에 동의했다.

1985년 남아프리카공화국의 흑인들이 인종차별정책과 제도인 '아파르트헤이트'에 반기를 들고 폭동을 일으켰다.

1986년 베를린에서 폭탄테러 사건이 발생하자 리비아의 소행이라고 확신한 미국이 리비아를 폭격했다.

1986년 우크라이나의 체르노빌 원자력발전소에서 방사능이 누출되는 세계 최대의 참사가 일어났다. 이 원전 사고로 인한 방사능 낙진이 북유럽과 아시아까지 날아갔다.

1989년 중국 정부는 베이징 천안문 광장에서 평화적으로 시위하던 시민들에게 총을 발포했다. 이 사건으로 수천 명이 사망했다.
1993년 뉴욕의 세계무역센터에서 폭탄이 터져 다섯 명이 사망했다.
1993년 러시아의 보리스 옐친 대통령이 공산주의자의 쿠데타를 진압했다.

A date to remember 기억할 연도

단단히 세워진 베를린장벽은 동서를 나눈 냉전의 상징이었다. 1989년 11월 동독 정부는 무너졌고 장벽도 무너졌다. 공산주의 시대가 마침내 끝난 것이다.

1989년 베를린 장벽 붕괴

1980~1995년 중요한 사건

1985년 아프리카 난민들을 돕기 위한 '라이브 에이드' 콘서트가 영국과 미국에서 열렸다. 데이비드 보위, 폴 매카트니, 밥 겔도프 등이 참가했다.

1985년 미국의 레이건 대통령과 소련의 고르바초프 서기장이 스위스 제네바에서 회담을 했다.

1989년 일본의 천황 히로히토가 사망했다. 일본인들에게 신성한 존재로 존경받던 그는 1945년 항복한 후 헌법상의 지도자로 지위가 낮아졌다.

1990년 영국 최초의 여성 수상인 마거릿 대처가 11년 만에 물러났다.

1991년 고르마초프 대통령이 사임하고 보리스 옐친이 독립국가연합(CIS)의 대통령이 되었다. 이로써 소련은 사라졌다.

1991년 넬슨 만델라 같은 개혁주의자들의 승리로 남아프리카 공화국의 아파르트헤이트가 끝이 났다.

1991년 구 유고슬라비아 공화국에서 내전이 벌어졌다. 슬로베니아와 크로아티아는 민주국가로 독립하고 싶어 했지만 세르비아가 동의하지 않았다.

1991년 걸프전이 터졌다. 1990년 이라크가 쿠웨이트를 쳐들어가자 유엔에 소속된 다국적군이 이라크군을 쿠웨이트에서 철수시켰다.

유명한 사람들

안와르 사다트(1918~1981)

1970년부터 이집트 대통령이었다. 중동에 평화를 정착시키기 위해 노력했고 1978년 이스라엘의 메나헴 베긴과 함께 노벨 평화상을 받았다.

카다피 대령(1942~)

1970년부터 리비아의 최고 지도자였다. 테러리스트를 지원하여 여러 해 동안 국제사회에서 배척당했다. 최근에는 리비아에 내려진 경제제재를 풀기 위해 유화적인 태도를 취하고 있다.

야세르 아라파트(1929~2004)

1968년부터 팔레스타인 해방기구의 의장이었고 1996년 팔레스타인 대통령이 되었다. 1994년 이스라엘과 평화협정을 체결한 공로로 이스라엘의 이츠하크 라빈, 시몬 페레스와 함께 노벨 평화상을 받았다. 1995년 유대인 극단주의자에 의해 라빈이 살해되자 미국과 이스라엘로부터 무시를 당하기도 했다.

1995년 이후
우주에서의 미래?

세계가 점점 줄어들고 있다는 말이 있다. 그 주장은 어느 정도 사실이다.

19세기에 철도가 놓이자 사람들은 처음으로 불편한 역마차를 타지 않고도 여러 지역을 편안하게 이동할 수 있게 되었다. 돈만 있다면 50킬로미터 떨어진 도시도 더 이상 멀지 않은 거리가 된 것이다. 철도 다음에는 내연엔진이 등장했다. 덕분에 자동차와 트럭 등이 사람이나 물건을 운송할 수 있게 되었다.

이제 지구상에서 인간이 정복하지 못한 곳은 아주 깊은 바다 속뿐이다. 그래서 사람들은 지구 밖으로 관심을 돌리기 시작했다. 우주여행이 정말 가능해진 것일까? 철도와 자동차가 도시와 마을을 가깝게 이어주었듯이 언젠가 먼 행성들도 가까운 이웃이 될 수 있는 때가 올 것이다.

타임 라인

1995년 일본 고베에 대형 지진이 발생해 수천 명이 사망했다.
1995년 이스라엘 수상 라빈이 유대인 극단주의자에 의해 살해되었다.
1995년 르완다에서 투치족 군대가 수천 명의 후투족 난민을 살해했다.
1996년 종교적 극단주의자인 탈레반이 아프가니스탄의 정권을 잡았다.
1997년 미국의 무인 화성탐사선 패스파인더호와 여섯 개의 바퀴가 달린 탐사 로봇 소저너가 화성 표면 탐사에 성공했다.
2001년 이슬람 극단주의자들에게 납치된 두 대의 비행기가 세계무역센터의 쌍둥이 건물에 충돌했다. 두 건물은 완전히 무너져 내렸다. 세 번째 비행기는 워싱턴의 펜타곤으로 돌진했다.

2004년 조지 부시 대통령이 콘돌리자 라이스를 국무장관으로 지명했다. 그녀는 그런 중요한 자리를 맡은 최초의 흑인 여성이다.

A date to remember 기억할 연도
2001년 9월 11일

1995년 이후 중요한 사건

1997년 2008년에 완공을 목표로 한 국제우주정거장이 건설되기 시작했다. 국제우주정거장은 차세대 유인 우주정거장으로, 지구 궤도를 지속적으로 돌며 사람이 직접 생활하면서 우주실험과 관측을 위한 기지이다.

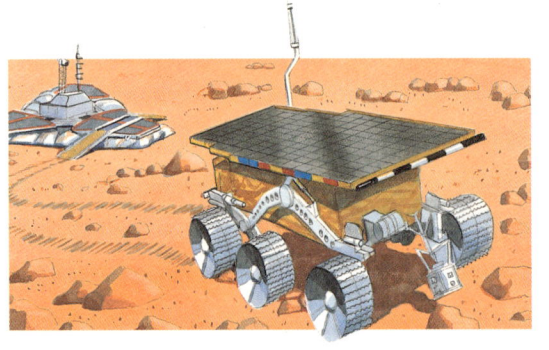

1997년 화성 탐사선인 패스파인더호가 화성 표면을 성공적으로 탐사했다.

2001년 미국의 조지 부시 대통령이 테러에 대한 전쟁을 선포했다. 그는 이란, 이라크, 북한을 '악의 축'이라 불렀고 이들 세 국가는 이에 분노했다. 다른 국가들은 이를 걱정스럽게 바라보았다.

2003년 조지 부시는 사담 후세인이 대량살상무기(WMD)를 가지고 있다면서 이라크를 침공했다. 영국 수상인 토니 블레어도 부시를 지지했다. 그러나 대량살상무기는 발견되지 않았다.

유명한 사람들

다이애나 영국 왕세자비 (1961~1997)

런던의 한 유치원에서 보모로 일하던 다이애나는 영국의 왕위 계승자인 찰스 왕세자와 1981년 결혼했다. 두 사람 사이에서 윌리엄과 해리 왕자가 태어났다. 그러나 순탄하지 못한 결혼생활로 두 사람은 1996년 이혼했으며, 다음해인 1997년 다이애나는 파리에서 교통사고로 사망했다.

로버트 무가베 (1924~)

짐바브웨 아프리카 인민동맹(ZAPU)을 창설한 로버트 무가베는 초대 총리를 거쳐 1987년 이후부터 세 차례나 대통령을 연임했다. 대통령 취임 후부터 무소불위의 권력을 누려왔던 무가베는 짐바브웨를 일당국가로 만들고 토지 개혁을 단행했다. 심지어 농부들을 땅에서 내쫓고 그 땅을 자신의 지지자들에게 나누어주기도 했다. 그 결과 부유한 식량생산국이었던 짐바브웨는 식량수입국이 되는 결과를 초래하고 말았다.

넬슨 만델라 (1918~)

남아프리카공화국의 흑인 인권운동가 넬슨 만델라는 1964년에 감옥에 들어가 종신형을 받고 27년여 간 복역하면서 세계인권운동의 상징적인 존재가 되었다. 1990년 석방된 그는 극단적 인종차별정책과 제도인 아파르트헤이트를 종식시키는 데 앞장섰다. 1993년 드 클레르크와 함께 노벨 평화상을 받았으며, 1994년 남아프리카공화국에서 민주적으로 선출된 최초의 흑인 대통령이 되었다.

세계의 역대 교황·왕·총리·대통령
(재위 기간)

교황

1. 성 베드로 (32~67)
2. 성 리노 (67~76)
3. 성 아나클레토 (76~88)
4. 성 글레멘스 (88~97)
5. 성 에바리스토 (97~105)
6. 성 알렉산데르 1세 (105~115)
7. 성 식스토 1세 (115~125)
8. 성 텔레스포로 (125~136)
9. 성 히지노 (136~140)
10. 성 비오 1세 (140~155)
11. 성 아니체토 (155~166)
12. 성 소테로 (166~175)
13. 성 엘레우테리오 (175~189)
14. 성 빅토리오 1세 (189~199)
15. 성 제피리노 (199~217)
16. 성 갈리스토 1세 (217~222)
17. 성 우르바노 1세 (222~230)
18. 성 폰시아노 (230~235)
19. 성 안테로 (235~236)
20. 성 파비아노 (236~250)
21. 성 고르넬리오 (251~253)
22. 성 루치오 1세 (253~254)
23. 성 스테파노 1세 (254~257)
24. 성 식스토 2세 (257~258)
25. 성 디오니시오 (259~268)
26. 성 펠릭스 1세 (269~274)
27. 성 에우티키아노 (275~283)
28. 성 카이오 (283~296)
29. 성 마르첼리노 (296~304)
30. 성 마르첼로 1세 (308~309)
31. 성 에우세비오 (309~309)
32. 성 밀티아데스 (311~314)
33. 성 실베스테르 1세 (314~335)
34. 성 마르코 (336)
35. 성 율리오 1세 (337~352)
36. 리베리오 (352~366)
37. 성 다마소 1세 (366~384)
38. 성 시리치오 (384~399)
39. 성 아나스타시오 1세 (399~401)
40. 성 인노첸시오 1세 (401~417)
41. 성 조시모 (417~418)
42. 성 보니파시오 1세 (418~422)
43. 성 첼레스티노 1세 (422~432)
44. 성 식스토 3세 (432~440)
45. 성 레오 1세 (440~461)

46. 성 힐라리오 (461~468)
47. 성 심플리치오 (468~483)
48. 성 펠릭스 3세(2세) (483~492)
49. 젤라시오 1세 (492~496)
50. 아나스타시오 2세 (496~498)
51. 성 심마쿠스 (498~514)
52. 성 호르미스다스 (514~523)
53. 성 요한 1세 (523~526)
54. 성 펠릭스 4세(3세) (526~530)
55. 보니파시오 2세 (530~532)
56. 요한 2세 (533~535)
57. 성 아가피토 1세 (535~536)
58. 성 실베리오 (536~537)
59. 비질리오 (537~555)
60. 펠라지오 1세 (556~561)
61. 요한 3세 (561~574)
62. 베네딕토 1세 (575~579)
63. 펠라지오 2세 (579~590)
64. 성 그레고리오 1세 (590~604)
65. 사비니아노 (604~606)
66. 보니파시오 3세 (607)
67. 성 보니파시오 4세 (608~615)
68. 성 데우스데디트 (615~618)
69. 보니파시오 5세 (619~625)
70. 호노리오 1세 (625~638)
71. 세베리노 (640)
72. 요한 4세 (640~642)
73. 테오도로 1세 (642~649)
74. 성 마르티노 1세 (649~655)
75. 성 에우제니오 1세 (655~657)
76. 성 비탈리아노 (657~672)
77. 아데오다토 2세 (672~676)
78. 도노 (676~678)
79. 성 아가토 (678~681)
80. 성 레오 2세 (682~683)
81. 성 베네딕토 2세 (684~685)
82. 요한 5세 (685~686)
83. 코논 (686~687)
84. 성 세르지오 1세 (687~701)
85. 요한 6세 (701~705)
86. 요한 7세 (705~707)
87. 시신니오 (708)
88. 콘스탄티노 (708~715)
89. 성 그레고리오 2세 (715~731)
90. 성 그레고리오 3세 (731~741)
91. 성 자카리아 (741~752)
92. 스테파노 2세(3세) (752~757)
93. 성 바오로 1세 (757~767)

94. 스테파노 3세(4세) (768~772)
95. 하드리아노 1세 (772~795)
96. 성 레오 3세 (795~816)
97. 스테파노 4세(5세) (816~817)
98. 성 파스칼 1세 (817~824)
99. 에우제니오 2세 (824~827)
100. 발렌티노 (827)
101. 그레고리오 4세 (827~844)
102. 세르지오 2세 (844~847)
103. 성 레오 4세 (847~855)
104. 베네딕토 3세 (855~858)
105. 성 니콜라오 1세 (858~867)
106. 하드리아노 2세 (867~872)
107. 요한 8세 (872~882)
108. 마리노 1세 (882~884)
109. 성 하드리아노 3세 (884~885)
110. 스테파노 5세(6세) (885~891)
111. 포르모소 (891~896)
112. 보니파시오 6세 (896)
113. 스테파노 6세(7세) (896~897)
114. 로마노 (897)
115. 테오도로 2세 (897)
116. 요한 9세 (898~900)
117. 베네딕토 4세 (900~903)
118. 레오 5세 (903)
119. 세르지오 3세 (904~911)
120. 아나스타시오 3세 (911~913)
121. 란도 (913~914)
122. 요한 10세 (914~928)
123. 레오 6세 (928)
124. 스테파노 7세(8세) (928~931)
125. 요한 11세 (931~935)
126. 레오 7세 (936~939)
127. 스테파노 8세(9세) (939~942)
128. 마리노 2세 (942~946)
129. 아가피토 2세 (946~955)
130. 요한 12세 (955~964)
131. 레오 8세 (964~965)
132. 베네딕토 5세 (965~966)
133. 요한 13세 (966~972)
134. 베네딕토 6세 (973~974)
135. 베네딕토 7세 (974~983)
136. 요한 14세 (983~984)
137. 요한 15세 (985~996)
138. 그레고리오 5세 (996~999)
139. 실베스테르 2세 (999~1003)
140. 요한 17세 (1003)
141. 요한 18세 (1004~1009)

142. 세르지오 4세 (1009~1012)
143. 베네딕토 8세 (1012~1024)
144. 요한 19세 (1024~1032)
145. 베네딕토 9세 (1032~1045)
146. 실베스테르 3세 (1045)
147. 베네딕토 9세 (1045~1045)
148. 그레고리오 6세 (1045~1046)
149. 클레멘스 2세 (1046~1047)
150. 베네딕토 9세 (1047~1048)
151. 다마소 2세 (1048)
152. 성 레오 9세 (1049~1054)
153. 빅토리오 2세 (1055~1057)
154. 스테파노 9세(10세) (1057~1058)
155. 니콜라오 2세 (1059~1061)
156. 알렉산데르 2세 (1061~1073)
157. 성 그레고리오 7세 (1073~1085)
158. 복자 빅토리오 3세 (1086~1087)
159. 복자 우르바노 2세 (1088~1099)
160. 파스칼 2세 (1099~1118)
161. 젤라시오 2세 (1118~1119)
162. 갈리스토 2세 (1119~1124)
163. 호노리오 2세 (1124~1130)
164. 인노첸시오 2세 (1130~1143)
165. 첼레스티노 2세 (1143~1144)
166. 루치오 2세 (1144~1145)
167. 에우제니오 3세 (1145~1153)
168. 아나스타시오 4세 (1153~1154)
169. 하드리아노 4세 (1154~1159)
170. 알렉산데르 3세 (1159~1181)
171. 루치오 3세 (1181~1185)
172. 우르바노 3세 (1185~1187)
173. 그레고리오 8세 (1187)
174. 클레멘스 3세 (1187~1191)
175. 첼레스티노 3세 (1191~1198)
176. 인노첸시오 3세 (1198~1216)
177. 호노리오 3세 (1216~1227)
178. 그레고리오 9세 (1227~1241)
179. 첼레스티노 4세 (1241)
180. 인노첸시오 4세 (1243~1254)
181. 알렉산데르 4세 (1254~1261)
182. 우르바노 4세 (1261~1264)
183. 클레멘스 4세 (1265~1268)
184. 그레고리오 10세 (1271~1276)
185. 인노첸시오 5세 (1276)
186. 하드리아노 5세 (1276)
187. 요한 21세 (1276~1277)
188. 니콜라오 3세 (1277~1280)
189. 마르티노 4세 (1281~1285)

190. 호노리오 4세 (1285~1287)
191. 니콜라오 4세 (1288~1292)
192. 성 첼레스티노 5세 (1294)
193. 보니파시오 8세 (1294~1303)
194. 베네딕토 11세 (1303~1304)
195. 클레멘스 5세 (1305~1314)
196. 요한 22세 (1316~1334)
197. 베네딕토 12세 (1334~1342)
198. 클레멘스 6세 (1342~1352)
199. 인노첸시오 6세 (1352~1362)
200. 복자 우르바노 5세 (1362~1370)
201. 그레고리오 11세 (1370~1378)
202. 우르바노 6세 (1378~1389)
203. 보니파시오 9세 (1389~1404)
204. 인노첸시오 7세 (1404~1406)
205. 그레고리오 12세 (1406~1415)
206. 마르티노 5세 (1417~1431)
207. 에우제니오 4세 (1431~1447)
208. 니콜라오 5세 (1447~1455)
209. 갈리스토 3세 (1455~1458)
210. 비오 2세 (1458~1464)
211. 바오로 2세 (1464~1471)
212. 식스토 4세 (1471~1484)
213. 인노첸시오 8세 (1484~1492)

214. 알렉산데르 6세 (1492~1503)
215. 비오 3세 (1503)
216. 율리오 2세 (1503~1513)
217. 레오 10세 (1513~1521)
218. 하드리아노 6세 (1522~1523)
219. 클레멘스 7세 (1523~1534)
220. 바오로 3세 (1534~1549)
221. 율리오 3세 (1550~1555)
222. 마르첼로 2세 (1555)
223. 바오로 4세 (1555~1559)
224. 비오 4세 (1559~1565)
225. 성 비오 5세 (1566~1572)
226. 그레고리오 13세 (1572~1585)
227. 식스토 5세 (1585~1590)
228. 우르바노 7세 (1590)
229. 그레고리오 14세 (1590~1591)
230. 인노첸시오 9세 (1591)
231. 클레멘스 8세 (1592~1605)
232. 레오 11세 (1605)
233. 바오로 5세 (1605~1621)
234. 그레고리오 15세 (1621~1623)
235. 우르바노 8세 (1623~1644)
236. 인노첸시오 10세 (1644~1655)
237. 알렉산데르 7세 (1655~1667)

238. 클레멘스 9세 (1667~1669)
239. 클레멘스 10세 (1670~1676)
240. 인노첸시오 11세 (1676~1689)
241. 알렉산데르 8세 (1689~1691)
242. 인노첸시오 12세 (1691~1700)
243. 클레멘스 11세 (1700~1721)
244. 인노첸시오 13세 (1721~1724)
245. 베네딕토 13세 (1724~1730)
246. 클레멘스 12세 (1730~1740)
247. 베네딕토 14세 (1740~1758)
248. 클레멘스 13세 (1758~1769)
249. 클레멘스 14세 (1769~1774)
250. 비오 6세 (1775~1799)
251. 비오 7세 (1800~1823)
252. 레오 12세 (1823~1829)
253. 비오 8세 (1829~1830)
254. 그레고리오 16세 (1831~1846)
255. 비오 9세 (1846~1878)
256. 레오 13세 (1878~1903)
257. 성 비오 10세 (1903~1914)
258. 베네딕토 15세 (1914~1922)
259. 비오 11세 (1922~1939)
260. 비오 12세 (1939~1958)
261. 요한 23세 (1958~1963)
262. 바오로 6세 (1963~1978)
263. 요한 바오로 1세 (1978~1978)
264. 요한 바오로 2세 (1978~2005)
265. 베네딕토 16세(2005~)

로마 황제

1. 아우구스투스 (BC27~AD14)
2. 티베리우스 (14~37)
3. 칼리굴라 (37~41)
4. 클라우디우스 (41~54)
5. 네로 (54~68)
6. 갈바 (68~69)
7. 오토 (69)
8. 비텔리우스 (69)
9. 베스파시아누스 (69~79)
10. 티투스 (79~81)
11. 도미티아누스 (81~96)
12. 네르바 (96~98)
13. 트라이아누스 (98~117)
14. 하드리아누스 (117~138)
15. 안토니누스 피우스 (138~161)
16. 마르쿠스 아우렐리우스 (161~180), 공동황제 루키우스 아우렐리우스 베루스 (161~169)

17. 콤모두스 (176~193)
18. 페르티낙스 (193)
20. 디디우스 율리아누스 (193)
21. 셉티미우스 세베루스 (193~211)
22. 카라칼라 (211~217)
23. 마크리누스 (217~218)
24. 엘라가발루스 (218~222)
25. 세베루스 알렉산데스 (222~235)
26. 막시미누스 (235~238)
27. 고르디아누스 1세 (238), 공동황제 고르디아누스 2세 (238)
28. 푸피에누스 (238) 공동황제 발비누스 (238)
29. 고르디아누스 3세 (238~244)
30. 필리푸스 (244~249)
31. 데키우스 (249~251)
32. 헤렌니우스 에트루스코스 (251)
33. 호스틸리아누스 (251)
34. 아이밀리아누스 (253)
35. 발레리아누스 (253~260)
36. 갈리에누스 (260~268)
37. 클라우디우스 2세 (268~270)
38. 퀸틸루스 (270)
39. 아우렐리아누스 (270~275)
40. 타키투스 (275~276)
41. 플로리아누스 (276)
42. 프로부스 (276~282)
43. 카루스 (282~283)
44. 누메리아누스 (283~284), 공동황제 카리누스 (283~285)
45. 디오클레티아누스 (284~305), 공동황제 막시미아누스 (286~305), 콘스탄티우스 1세 (293~306), 갈레리우스 (293~311)
50. 콘스탄티누스 1세 대제 (311~337)
51. 콘스탄티누스 2세 (337~340), 공동황제 콘스탄티우스 2세 (337~361), 콘스탄스 1세 (337~350)
52. 율리아누스 (361~363)
53. 요비아누스 (363~364)
54. 발렌티니아누스 1세 (364~375), 공동황제 발렌스 (364~378)
55. 그라티아누스 (375~383) 공동황제 발렌티니아누스 2세 (375~392)
56. 테오도시우스 1세 대제 (379~395)

서로마 제국 황제
1. 호노리우스 (395~423), 공동 황제 콘스탄티우스 3세 (421)
2. 발렌티니아누스 3세 (423~455)
3. 페트로니우스 (455)
4. 아비투스 (455~456)
5. 마요리아누스 (457~461)
6. 세베루스 (461~465)
7. 안테미우스 (467~472)
8. 올리브리우스 (472)
9. 글리케리우스 (473~474)
10. 율리우스 네포스 (474~475)
11. 로물루스 아우구스툴루스 (475~476)

동로마 제국 황제
1. 아르카디우스 (395~408)
2. 테오도시우스 2세 (408~450)
3. 마르시안 (450~457)
4. 레오 1세 (457~474)
5. 레오 2세 (474)
6. 제노 (474~475)
7. 바실리스쿠스 (475~476)
8. 제노 (476~491)

러시아의 차르, 황제, 대공

1. 드미트리 돈스코이 (1359~1389)
2. 바실리 1세 (1389~1425)
3. 바실리 2세 (1425~1462)
4. 이반 3세 (1462~1505)
5. 바실리 3세 (1505~1533)
6. 이반 4세 (이반뇌제) (1547~1584)
7. 페오도르 1세 (1584~1598)
8. 보리스 (1598~1605)
9. 페오도르 2세 (1605)
10. 참제 드미트리 1세 (1605~1606)
11. 바실리 4세 (1606~1610)
    대공위시대 (1610~1613)
12. 미카엘 노마노프 (1613~1645)
13. 알렉세이 1세 (1645~1676)
14. 페오도르 3세 (1676~1682)
15. 이반 5세와 표트르 대제 (1682~1696)
16. 표트르 대제 (1696~1724)
17. 표트르 대제와 예카테리나 1세 (1724~1725)
18. 예카테리나 1세 (1725~1727)
19. 표트르 2세 (1727~1730)
20. 안나 (1730~1740)

21. 이반 6세 (1740~1741)
22. 엘리자베타 여제 (1741~1762)
23. 표트르 3세 (1762)
24. 예카테리나 대제 (1762~1796)
25. 파벨 1세 (1796~1801)
26. 알렉산드르 1세 (1801~1825)
27. 니콜라이 1세 (1825~1855)
28. 알렉산드르 2세 (1855~1881)
29. 알렉산드르 3세 (1881~1889)
30. 니콜라이 2세 (1894~1917)

1918년부터의 러시아 대통령

1. 블라디미르 일리치 레닌
   (1918~1924)
2. 로시프 스탈린 (1927~1953)
3. 니키타 흐루시초프
   (1953~1964)
4. 레오니트 일리치 브레주네프
   (1964~1982)
5. 유리 안드로포프 (1983~1984)
6. 콘스탄틴 체르넨코 (1984~1985)
7. 미하일 고르바초프 (1985~1991)
8. 보리스 옐친 (1991~1999)
9. 블라디미르 푸틴 (2000~)

잉글랜드의 지도자(1603년까지)

색슨족
1. 액버트 (829~839)
2. 에셀울프 (839~858)
3. 에셀볼드 (858~860)
4. 에셀버트 (860~866)
5. 에셀레드 1세 (866~871)
6. 알프레드 대제 (871~899)
7. 연장자 에드워드 (899~924)
8. 에셀스탄 (924~940)
9. 에드먼드 (940~946)
10. 에드레드 (946~955)
11. 에드위 (955~959)
12. 에드거 (959~975)
13. 순교왕 에드워드 (975~978)
1. 에셀레드 2세 (978~1016)
15. 에드먼드 2세 (1016)

데인족
1. 카누트 1세 (1016~1035)
2. 해롤드 1세 (1035~1040)
3. 하서카누트 2세 (1040~1042)

색슨족

1. 참회왕 에드워드 (1042~1066)
2. 헤럴드 2세 (1066)

노르망디 가
1. 정복왕 윌리엄 (1066~1087)
2. 윌리엄 2세 (1087~1100)
3. 헨리 1세 (1100~1135)
4. 스티븐 (1135~1154)

플랜티저넷 왕가 – 앙주 왕조
1. 헨리 2세 (1154~1189)
2. 리처드 1세 (1189~1199)
3. 존 (1199~1216)
4. 헨리 3세 (1216~1272)
5. 에드워드 1세 (1272~1307)
6. 에드워드 2세 (1307~1327)
7. 에드워드 3세 (1327~1377)
8. 리처드2세 (1377~1399)

랭캐스터 왕조
1. 헨리 4세 (1399~1413)
2. 헨리 5세 (1413~1422)
3. 헨리 6세 (1422~1461)

요크 왕조
1. 에드워드 4세 (1461~1483)
2. 에드워드 5세 (1483)
3. 리처드 3세 (1483~1485)

튜더 왕조
1. 헨리 7세 (1485~1509)
2. 헨리 8세 (1509~1547)
3. 에드워드 6세 (1547~1553)
4. 메리 1세 (1553~1558)
5. 엘리자베스 1세 (1558~1603)

스코틀랜드의 지도자 (1603년까지)

1. 말콤 2세 (1005~1034)
2. 던컨 1세 (1034~1040)
3. 맥베스 (1040~1057)
4. 말콤 3세 캔모어 (1058~1093)
5. 도널드 베인 (1093~1094)
6. 던컨 2세 (1094)
7. 도널드 베인 (복귀) (1094~1097)
8. 에드가 (1097~1107)
9. 알렉산더 1세 (1107~1124)
10. 데이빗 1세 (1124~153)
11. 말콤 4세 (1153~1165)

12. 사자왕 윌리엄 (1165~1214)
13. 알렉산더 2세 (1214~1249)
14. 알렉산더 3세 (1249~1286)
15. 마거릿 노르웨이 (1286~1290)
    공위기간 (1290~1292)
16. 존 발리올 (1292~1296)
    공위기간 (1296~1306)
17. 로버트 1세 (브루스) (1306~1329)
18. 데이빗 2세 (1329~1371)

스튜어트 왕조
1. 로버트 2세 (1371~1390)
2. 로버트 3세 (1390~1406)
3. 제임스 1세 (1406~1437)
4. 제임스 2세 (1437~1460)
5. 제임스 3세 (1460~1488)
6. 제임스 4세 (1488~1513)
7. 제임스 5세 (1513~1542)
8. 메리 (1542~1567)
9. 제임스 6세-1603년 영국에서는 제임스 1세가 되었다 (1567~1625)

브리튼의 지도자
스튜어트 왕조

1. 제임스 1세 (1603~1625)
2. 찰스 1세 (1625~1649)
3. 공화국 (1649~1660)

복원된 스튜어트 왕조
1. 찰스 2세 (1660~1685)
2. 제임스 2세 (1685~1688)
3. 윌리엄 3세 (1689~1702)
4. 메리 2세 (1689~1694)
5. 앤 여왕 (1702~1714)

하노버 왕조
1. 조지 1세 (1714~1727)
2. 조지 2세 (1727~1760)
3. 조지 3세 (1760~1820)
4. 조지 4세 (1820~1830)
5. 윌리엄 4세 (1830~1837)
6. 빅토리아 여제 (1837~1901)

삭스코버그 왕조
1. 에드워드 7세 (1901~1910)

윈저 왕조
1. 조지 5세 (1910~1936)

2. 에드워드 8세 (1936)
3. 조지 6세 (1936~1952)
4. 엘리자베스 2세 (1952~)

영국 총리

W 휘그당, T 토리당, L 자유당,
Lab 노동당, C 보수당

1. 로버트 월폴 경 W (1721~1742)
2. 윌밍턴 백작 W (1742~1743)
3. 헨리 펠램 W (1743~1754)
4. 뉴캐슬 공작 W (1754~1756)
5. 덴번셔 공작 W (1756~1757)
6. 뉴캐슬 공작 W (1757~1762)
7. 뷰트 백작 T (1762~1763)
8. 조지 그렌빌 W (1763~1765)
9. 로킹엄 후작 W (1765~1766)
10. 윌리엄 피트大 W (1766~1768)
11. 그래프턴 공작 W (1768~1770)
12. 프레드릭 노스 T (1770~1782)
13. 로킹엄 후작 W (1782)
14. 랜즈다운 후작 W (1782~1783)
15. 포틀랜드 공작 T (1783)
16. 윌리엄 피트小 T (1783~1801)
17. 헨리 애딩턴 T (1801~1804)
18. 윌리엄 피트小 T (1804~1806)
19. 윌리엄 윈드햄 그렌빌 W (1806~1807)
20. 포틀랜드 공작 T (1807~1809)
21. 스펜서 퍼시벌 T (1809~1812)
22. 리버풀 공작 T (1812~1827)
23. 조지 캐닝 T (1827)
24. 고더리치 자작 T (1827~1828)
25. 웰링턴 공작 T (1828~1830)
26. 그레이 백작 T (1830~1834)
27. 멜버른 자작 T (1834)
28. 로버트 필 경 T (1834~1835)
29. 멜버른 자작 W (1835~1841)
30. 로버트 필 경 T (1841~1846)
31. 러셀 경 W (1846~1851)
32. 더비 백작 T (1852)
33. 애버딘 백작 T (1852~1855)
34. 파머스턴 자작 L (1855~1858)
35. 더비 백작 C (1858~1859)
36. 파머스턴 자작 L (1859~1865)
37. 러셀 백작 W (1865~1866)
38. 더비 백작 C (1866~1868)
39. 벤자민 디즈레일리 C (1868)

40. 윌리엄 글래드스턴 L
    (1868~1874)
41. 벤자민 디즈레일리 C
    (1874~1880)
42. 윌리엄 글래드스턴 L
    (1880~1885)
43. 솔즈베리 후작 C (1885~1886)
44. 윌리엄 글래드스턴 L (1886)
45. 솔즈베리 후작 C (1886~1892)
46. 윌리엄 글래드스턴 L
    (1892~1894)
47. 로즈버리 백작 L (1894~1895)
48. 솔즈베리 후작 C (1895~1902)
49. 아서 밸포어 C (1902~1905)
50. 헨리 캠벨 배너맨 경 L
    (1905~1908)
51. 허버트 애스퀴스 L (1908~1916)
52. 데이빗 로이드 L (1916~1922)
53. 앤드류 보너 로 C (1922~1923)
54. 스탠리 볼드윈 C (1923~1924)
55. 제임스 램지 맥도널드 Lab
    (1924)
56. 스탠리 볼드윈 C (1924~1929)
57. 제임스 램지 맥도널드 Lab
    (1929~1935)
58. 스탠리 볼드윈 C (1935~1937)
59. 네빌 챔벌레인 C (1937~1940)
60. 윈스턴 처칠 C (1940~1945)
61. 클레멘트 애틀리 Lab
    (1945~1951)
62. 윈스턴 처칠 경 C (1951~1955)
63. 앤소니 이든 경 C (1955~1957)
64. 해럴드 맥밀런 C (1957~1963)
65. 알렉 더글러스 흄 C
    (1963~1964)
66. 해럴드 윌슨 Lab (1964~1970)
67. 에드워드 히스 C (1970~1974)
68. 해럴드 윌슨 Lab (1974~1976)
69. 제임스 캘러건 Lab
    (1976~1979)
70. 마가릿 대처 C (1979~1990)
71. 존 메이저 C (1990~1997)
72. 토니 블레어 Lab (1997~2007)
73. 고든 브라운 Lab (2007~)

미국 대통령

F 연방주의자, W 휘그당, D 민주당, DR 민주공화당, R 공화당

1. 조지 워싱턴 F (1789~1797)
2. 존 애덤스 F (1797~1801)
3. 토머스 제퍼슨 DR (1801~1809)
4. 제임스 매디슨 DR (1809~1817)
5. 제임스 먼로 DR (1817~1825)
6. 존 퀸시 애덤스 DR (1825~1829)
7. 앤드루 잭슨 D (1829~1837)
8. 마틴 밴 뷰런 D (1837~1841)
9. 윌리엄 H 해리슨 W (1841)
10. 존 타일러 W (1841~1845)
11. 제임스 K 포크 D (1845~1849)
12. 재커리 테일러 W (1849~1850)
13. 밀러드 필모어 W (1850~1853)
14. 프랭클린 피어스 D (1853~1857)
15. 제임스 뷰캐넌 D (1857~1861)
16. 에이브러햄 링컨 R (1861~1865)
17. 앤드루 존슨 D (1865~1869)
18. 율리시스 S 그랜트 R (1869~1877)
19. 러더퍼드 B 헤이스 R (1877~1881)
20. 제임스 A 가필드 R (1881)
21. 체스터 A 아서 R (1881~1885)
22. 그로버 클리블랜드 D (1885~1889)
23. 벤저민 해리슨 R (1889~1893)
24. 그로버 클리블랜드 D (1893~1897)
25. 윌리엄 매킨리 R (1897~1901)
26. 시어도어 루즈벨트 R (1901~1909)
27. 윌리엄 H 태프트 R (1909~1913)
28. 우드로 윌슨 D (1913~1921)
29. 워런 G 하딩 R (1921~1923)
30. 캘빈 쿨리지 R (1923~1929)
31. 허버트 C 후버 R (1929~1933)
32. 프랭클린 D 루즈벨트 D (1933~1945)
33. 해리 S 트루먼 D (1945~1953)
34. 드와이트 D 아이젠하워 R (1953~1961)
35. 존 F 케네디 D (1961~1963)
36. 린던 B 존슨 D (1963~1969)
37. 리처드 M 닉슨 R (1969~1974)
38. 제럴드 R 포드 R (1974~1977)
39. 제임스 카터 D (1977~1981)
40. 로널드 레이건 R (1981~1989)
41. 조지 부시 R (1989~1993)

42. 윌리엄 클링턴 D (1993~2001)
43. 조지 W 부시 R (2001~)

프랑스의 지도자

카페 왕조
1. 위그 카페 (987~996)
2. 로베르 2세 (996~1031)
3. 앙리 1세 (1031~1060)
4. 필립 1세 (1060~1108)
5. 루이 6세 그로스 (1108~1137)
6. 루이 7세 제뉴 (1137~1180)
7. 필립 2세 (1180~1223)
8. 루이 8세 (1223~1226)
9. 성 루이 9세 (1226~1270)
10. 필립 3세 아르디 (1270~1285)
11. 필립 4세 벨르 (1285~1314)
12. 루이 10세 (1314~1316)
13. 장 1세 (1316)
14. 필립 5세 (1316~1322)
15. 샤를 4세 (1322~1328)

발루아 왕조
1. 필립 6세 (1328~1350)
2. 장 2세 (1350~1364)
3. 샤를 5세 (1364~1380)
4. 샤를 6세 (1380~1422)
5. 샤를 7세 (1422~1461)
6. 루이 11세 (1461~1483)
7. 샤를 8세 (1483~1498)
8. 루이 12세 (1498~1515)
9. 프랑수아 1세 (1515~1547)
10 앙리 2세 (1547~1559)
11 프랑수아 2세 (1559~1560)
12 샤를 9세 (1560~1574)
13 앙리 3세 (1574~1589)

부르봉 왕조
1. 앙리 4세 (1589~1610)
2. 루이 13세 (1610~1643)
3. 루이 14세 (1643~1715)
4. 루이 15세 (1715~1774)
5. 루이 16세 (1774~1792)
   제1공화국 (1792~1804)
6. 나폴레옹 1세 황제 (1804~1814)
7. 루이 18세 (1814~1824)
8. 샤를 10세 (1824~1830)
9. 루이 필리프 (1830~1848)
10. 제2공화국 (1848~1852)

11. 나폴레옹 3세 황제 (1853~1870)

프랑스 대통령 (1870년 이후)

1. 루이 아돌프 티에르 (1871~1873)
2. 마리 E. P. M. 드 마크마옹 (1873~1879)
3. 프랑수아 P. J. 그레비 (1879~1887)
4. 사디 카르노 (1887~1894)
5. 장 카지미르 페리에 (1894~1895)
6. 프랑수아 펠릭스 포르 (1895~1899)
7. 에밀 루베 (1899~1906)
8. 클레멩 아르망 팔리에르 (1906~1913)
9. 레몽 푸앵카레 (1913~1920)
10. 폴 E. L. 데샤넬 (1920)
11. 알렉상드르 밀랑 (1920~1924)
12. 가스통 두메르그 (1924~1931)
13. 폴 두메르 (1931~1932)
14. 알베르 르브룅 (1932~1940)
15. 앙리 필리프 페탱 (1940~1944)
16. 샤를 드골 (1944~1946)
17. 펠릭스 구엥 (1946)
18. 조르주 비도 (1946~1947)
19. 뱅상 오리올 (1947~1954)
20. 르네 코티 (1954~1959)
21. 샤를 드 골 (1959~1969)
22. 조르주 퐁피두 (1969~1974)
23. 발레리 지스카르 데스탱 (1974~1981)
24. 프랑수아 미테랑 (1981~1995)
25. 자크 시라크 (1995~2007)
26. 니콜라 사르코지 (2007~)

대한민국 대통령

1. 이승만 (1948~1960)
2. 윤보선 (1960~1962)
3. 박정희 (1963~1979)
4. 최규하 (1979~1980)
5. 전두환 (1980~1988)
6. 노태우 (1988~1993)
7. 김영삼 (1993~1998)
8. 김대중 (1998~2003)
9. 노무현 (2003~)

어휘 사전

경제공황 경제 혼란의 현상

공중정원 세계 7대 불가사리 중의 하나로, 신 바빌론의 네부카드네자르 2세가 왕비 아미티스를 위해 세운 정원

공포정치 반대파의 세력을 가혹한 수단으로 탄압하여 사회에 극도의 공포 분위기를 조성하는 정치

교황령 가톨릭 교회의 영유지로 교황의 세속적 지배권이 미치는 지역

구습 예전부터 내려오는 낡은 풍습

낙진 핵폭발이나 핵실험으로 대기 중에 흩어져 날아다니는 방사능 물질

노크문명 서아프리카의 초기 철기 시대 문화

대장정 오랜 기간에 걸쳐 진행하는 투쟁 노정

도화선 폭탄이 터지도록 불을 붙이는 심지. 어떤 일의 원인이 되는 것

메카 이슬람교의 창시자인 무함마드가 태어난 곳으로, 이슬람교 최고의 성지

모헨조다로 파키스탄의 펀자브 지방에 있는 인더스 문명의 도시 유적

무소불위 하지 못하는 일이 없음

무역 나라와 나라 사이에 서로 물품을 매매하는 일

바이슨 아메리카 들소

반입 운반하여 들여옴

방부 물질이 썩어서 변질되지 않도록 하는 일

배상금 남에게 입힌 손해에 대해 물어 주는 돈

불로장생 늙지 않고 오래 삶

섭정 군주국가에서 국왕이 어려서 즉위하거나 병 또는 그 밖의 사정이 생겼을 때 국왕을 대신해서 국가의 통치권을 맡아 나라를 다스리는 일 또는 그 사람

셰르파 네팔 동부 히말라야 산속에 살고 있는 티베트계의 한 종족. 히말라야 등산대의 짐을 나르고 길을 안내하는 인부로서 유명

수렵 온갖 연장을 가지고 새나 짐승을 잡는 일

수로 물길. 배가 다닐 수 있는 길

수장 집단이나 단체를 지배·통솔하는 사람

수장령 영국의 종교 개혁에 있어서 국왕을 영국 교회의 '유일 최고의 수장(首長)'으로 규정한 법률

시아파 이슬람교의 2대 종파의 하나. 무함마드의 사위인 알리가 무함마드의 정통 후계자가 되어 세운 교파

양자 아들이 없는 집에서 대를 잇기 위해 남에게서 데려다 기르는 남자 아이

연임 원래 정해진 임기를 다 마친 뒤에 다시 계속하여 그 직위에 머무름

오리엔트 해가 뜨는 곳이라는

뜻으로, 지중해의 동쪽 여러 나라를 이르는 말

온건 생각이나 행동 따위가 사리에 맞고 건실함

원로원 고대 로마 공화정 시대의 입법·자문 기관

위협 힘으로 겁을 주고 협박함

유목 일정한 거처를 두지 않고 이동하면서 목축을 함

육분의 바다에서 항해할 때 위치를 파악하기 위해 사용했던 기구

일당국가 정당이 하나만 존재하는 국가

전국 시대 중국 역사에서, 진시황제가 중국을 통일한 기원전 221년까지 약 200년간의 혼란했던 시대

정책 정치적 목적을 실현하기 위한 방법

좌익 급진적이거나 사회주의적·공산주의적인 경향. 또는 그런 단체를 칭함

주석 일부 국가에서 국가나 정당 따위의 최고 직위

지구라트 고대 바빌론, 아시리아 유적에서 발견되는 피라미드 모양의 성탑

집정관 로마 공화정 때에, 행정과 군사를 맡아보던 장관

차르 슬라브계 국가에서 군주를 칭할 때 쓰는 말

카르타고 티레의 고대 페니키아인이 북아프리카의 튀니스만 북 연안에 건설한 도시 및 도시 국가

콜로세움 로마에 있던 원형 경기장

쿠푸 이집트 제4왕조의 제2대 파라오

트로이 전쟁 트로이의 왕자가 스파르타의 왕비를 유괴하여 전쟁이 일어났는데, 그리스군이 10년 동안 싸운 끝에 트로이를 점령했다는 전설적인 전쟁

파견 일정한 임무를 주어 사람을 보냄

패스법 흑인이 백인 지역에 들어가기 위해서는 신분증명서(pass)를 휴대해야 한다고 규정한 법률

편입 이미 짜여진 한 무리에 끼어 들어감

하라파 파키스탄의 펀자브 지방에 있는 화려한 인더스 문명의 도시 유적

학살 가혹하게 마구 죽임

합병증 어떤 질병과 함께 생기는 병

해자 적에게 성을 보호하기 위해 성 주위에 둘러 판 못

향신료 음식의 맛을 좋게 하는 조미료

호국 나라를 보호하고 지킴